资投险风与识常的辑逻

[美] 伦纳德 · A. 巴特森
[美] 肯尼思 · M. 弗里曼
/
著

高　源
李珍凤
/
译

中信出版集团 | 北京

图书在版编目（CIP）数据

风险投资的逻辑与常识 /（美）伦纳德 · A. 巴特森，（美）肯尼思 · M. 弗里曼著；高源，李珍凤译. -- 北京：中信出版社，2019.6

书名原文：BUILDING WEALTH THROUGH VENTURE CAPITAL

ISBN 978-7-5217-0535-5

Ⅰ. ①风… Ⅱ. ①伦… ②肯… ③高… ④李… Ⅲ. ①风险投资－基本知识 Ⅳ. ①F830.59

中国版本图书馆CIP数据核字（2019）第086133号

Building wealth through venture capital by Leonard A. Batterson, Kenneth M. Freeman，ISBN：9781119409373

风险投资的逻辑与常识

著　　者：[美] 伦纳德 · A. 巴特森　[美] 肯尼思 · M. 弗里曼

译　　者：高　源　李珍凤

出版发行：中信出版集团股份有限公司

（北京市朝阳区惠新东街甲4号富盛大厦2座　邮编　100029）

承 印 者：北京画中画印刷有限公司

开　　本：787mm × 1092mm 1/16　　印　　张：14.5　　字　　数：186千字

版　　次：2019年6月第1版　　印　　次：2019年6月第1次印刷

京权图字：01-2019-2511　　广告经营许可证：京朝工商广字第8087号

书　　号：ISBN 978-7-5217-0535-5

定　　价：66.00元

服务热线：400-600-8099

投稿邮箱：author@citicpub.com

目录

序

自 2008—2009 年金融危机爆发以来，美国经济以约 2% 的速度缓慢增长。虽然股票市场仍处于牛市，但除非经济增速显著提升，否则，在很长一段时间里，目前的牛市行情将无可避免地下行，甚至萎靡不振。

唐纳德·特朗普当选美国第 45 任总统后，股票市场立刻出现了大幅攀升，有些人断言特朗普当选将加速股市的上涨行情，在一段时间内，我们无从得知此预测是否会、何时会以及在何种程度上能被现实验证。股票市场投资回报在过去七八年的时间里确实看起来还不错，但这种增长主要得益于 2008—2009 年股市灾难性崩溃后的恢复性反弹。长期来看，我们可以有更清晰的认识。从 2000 年 1 月 1 日至 2017 年 1 月 1 日，考虑到所有的涨跌情况，标准普尔 500 指数的年复合增长率仅为 2.7%，将年均 2% 的股利分配因素考虑进来，在此期间，标准普尔 500 指数的年化收益率略低于 5%。

此外，近年来，接近零利率的宽松货币环境助长股票价格增长至历史高位，低利率政策同样迫使投资者将过多的资金投入股票市场以获取更高的预期收益。因此，即使经济增长速度提高至 4%，随之提高到正常水平的利率也将使股票市场的预期收益相对降低。

创新：通往财富创造的路径，风险投资的核心

创造财富的美国梦如何继续？关键在于“创新”二字。所谓创新，即

能够不断创造新技术和新产品，以满足人们的新需求或以更有效率的方式满足现有需求。持续创新是创造财富的唯一路径。

成功的大型公司很清楚这一点。现在华尔街的宠儿，如微软、Alphabet（谷歌的母公司）以及脸书等都是在风险投资的助力下成长起来的。这些公司非常清楚创新永远不能停止。公开的资料显示，Alphabet正在研发无人驾驶汽车，特斯拉的创始人埃隆·马斯克正致力于将太空旅行商业化，一流制药和生物技术公司正在为目前无法治愈的疾病研发新的治疗方法，它们对创新的努力将不会停止。

沃尔沃、宝马等汽车公司都已经建立了自己的风险投资部门。即使像联合利华这种销售食品、家居清洁和个人护理用品的传统公司，也创造性地成立了风险投资部门，它们在各自的专业领域投资于拥有创新能力且有高增长预期的初创公司，并利用自有资金、销售渠道和管理经验等方面的优势来扶持被投资的企业。

如此一来，投资者可能会产生这样的疑问，为什么不直接购买这种一流大公司的股票？事实上，我们从来没有建议不要投资这些大公司。这些历经岁月洗礼的大公司已积累了足够的能力来构建竞争优势，不断推动股东价值的增长。但请注意，这些公司高昂的股票价格是建立在投资者对其未来持续健康增长的预期基础上的。因此，你可以在对这类股票的投资中获得不错的收益，但是不能指望这些投资能赚大钱。

对于创业者和支持他们的风险投资机构而言，创造财富的最大机会就是企业能够将颠覆性的技术或创新想法成功地实现商业化。其中既包括估值超高、大家耳熟能详的优步、爱彼迎、照片墙、Square（美国一家移动支付公司）等公司，也包括一些不为人知却很成功的创业公司。比如Cleversafe公司，正是这家公司让巴特森风险资本的众多投资者赚得盆满钵满。这家数据存储领域的技术先驱将当时价值1 000万美元的公司（这里要说明，巴特森风险资本约占股4%）变成了出售给IBM（国际商业机器公司）时价值13亿美元的公司。尽管风险投资最大的收益来源于此类“本垒打”[1]，但仍有很多其他项目的收益可以达到初始投资数量的二三倍。

近年来随着越来越多的本垒打项目逐步进入大家的视野，创业浪潮也愈发汹涌，创业者已经不再局限于硅谷和波士顿128公路[2]。风险投资人的身影也随之出现在纽约、洛杉矶、华盛顿、奥斯汀等任何拥有具有创造性、有抱负的创业者以及可以筹集到资金的地方。

公司孵化器和天使投资在每一个角落生根，Cleversafe就是一个很好的例子。尽管人们谈到中西部地区想到的就是当地的保守思想和高度依赖农业及重工业的经济结构，但是价值十几亿美元的Cleversafe就是在这里成长起来的。事实上，最新的《公司》杂志500榜单显示（《公司》500旨在评出美国发展速度最快的500强企业，它是美国先锋企业的代表），我们的基金的所在地芝加哥所孕育的拥有极高增长速度的公司数量，已经仅次于纽约了。

整个风险投资行业吸引的资金量的增长也反映出这种扩张趋势。2015年整个风险投资行业的投资规模为590亿美元，相比于2005年增长了153%。这里有一条对我们非常重要的信息，在过去几年的时间内，由个人投资者投出的资金量已经接近大机构投出的资金量。曾经由风险投资带来的丰厚回报仅能被大型投资机构和富有群体享用，而现在这一藩篱被逐渐打破，参与风险投资的机会变得越来越“亲民”。

① 这里的“本垒打”被用于形容有数倍投资收益的成功投资，代表赚得非常多。——译者注

② 波士顿128公路是美国马萨诸塞州波士顿市的一条半环形公路，修建于1951年，距波士顿市区约16公里。现在128公路沿线聚集了数以千计的从事高技术研究、发展和生产的机构和公司，成为128公路高新技术区，是世界上知名的电子工业中心。——译者注

从历史数据上看，风险投资的收益表现一直很吸引人，行业整体的年化收益率约为12%。这要比标准普尔500指数过去16年不到5%的收益水平高很多，更不要说和当下已经接近0的基准利率相比了。

风险投资行业的领军者自然有比行业水平更高的业绩，尽管经历了2000年的互联网泡沫破灭和2008—2009年的金融危机所引发的经济全面衰退，但是我们管理的基金在过去30多年里为投资者创造的年化收益率高达28%。

我们看似神秘的投资方法事实上并不是秘密。我们曾经公开分享过，也将在本书里与大家分享。这确实是一项工程量很大的工作，我们要从成百上千个风险投资机会中筛选出几个有潜力成为本垒打的项目。在投资的每一个项目背后都有100个我们通过分析后放弃的项目。我们通常在标的项目早期进入，此时其他人尚未认识到它们的潜在价值，因而估值比较低。

枯燥乏味的项目遴选和尽职调查工作耗费了我们大量的精力，但也换来了丰厚的回报。在此有必要说明一下，我们的选择并不是每次都正确，但是在所有的投资项目中，超过35%的项目都给我们的投资者带来了正收益。这个数据尽管看起来平淡无奇，却是行业平均水平的两倍（就像棒球赛一样，平均35%的击打率就可以赢得“打击王”的头衔）。类似Cleversafe［还有包括带给我们数十亿美元退出收益的AOL（美国在线）、电子支付服务提供商CyberSource等若干项目］这种本垒打项目，意味着它为我们的投资者创造了巨大的财富。

在做进一步分析前，我们需要澄清一点。风险投资并不适合胆小的人。这是一个高回报却伴随着高风险的投资方式。很多投资项目最终都以失败告终，绝大多数收益都来自数量只占10%的那些项目。在本书里，我们会尝试帮助你在管理好风险的基础上将成功的概率最大化，尽管我们并不认为风险投资值得所有投资者参与其中。

对于创业者而言，创业也是一件高回报、高风险的事情。对于有能力、有抱负的人来讲，去成熟的大公司工作、过上舒适的日子是一种非常容易而且低风险的选择。但是大多数胸怀壮志的人（通常来讲也是很有能力的人）并不愿意在大公司里做一个螺丝钉，他们更愿意开创自己的事业。他们追求的是只有通过建立自己的公司才能得到的巨额回报。

创业者用从信用卡透支和抵押房产得来的贷款创立公司，接着寻求家庭和朋友的资助，然后他们就需要更大规模的资金来推动事业的发展。伴随着初创企业步入正轨，用于快速扩张市场的资金需求将急剧增加。

风险投资行业人士普遍认为，一个创业公司的成功通常需要创业者耗费两倍的预期时间以及三倍的预期资金量。所以创业者需要对自己所做的事情有更加明确的认识，并从更适合的渠道寻找资金。他们要寻找的投资人一定是既能满足当下的资金需求，有能力在公司需要时助一臂之力，又能为他们提供重要建议和专业帮助的人。

本书既写给投资者，也写给创业者。它会告诉你如今要想在投资或融资上不走弯路所必须了解的东西，相信这些知识在相当长的时间内依然对你会有帮助。当然，和其他任何经济领域及市场领域一样，风险投资也会随着时间的推移而改变，不断变化和发展的进程无论在哪个领域都从未停止。然而不管如何变化，最基本的原理仍然适用。

简单地说，风险投资存在的理由在于把以下两类人群的需求结合在一起，使其需求得到满足：愿意为超额的利润承担更多风险的投资者；从事具有高不确定性和高风险却有高额回报潜力的创新业务的创业者。

对那些认为未来不会再有创新或者几乎没什么东西可以被“发明”的朋友，我们要说声“谢谢”，谢谢你们将未来的机会拱手让给我们这群仍有梦想、富有远见的人。人类不断增长的需求和对未知世界的渴望无疑会继续催生新的创新活动，更不用说，我们仍面临资源短缺、气候变化和其他环境问题，这些问题都将使未来的创新活动比我们想象的更多。

下面是我们列出的可能会有重大创新和创造财富机会的领域，我们笃定地说，实际上机会远不止这些：

（1）新材料
（2）人工智能
（3）大数据和预测分析
（4）生物计算机
（5）生物医学
（6）征服衰老
（7）基因组
（8）免疫学
（9）物联网及万物互联
（10）纳米技术
（11）机器人
（12）虚拟现实

近年来，风险投资领域发生的变化也将给投资人和创业者带来更好的机会。

正如我们前面提到的，参与风险投资的机会正在变得越来越多。如今，仅美国就有 50 万名个人投资者参与风险投资，未来几年这个数字将更加可观。

最近，如雨后春笋般涌出的线上风险投资机构对美国约 1 000 万名合格投资人（美国证券交易委员会将合格投资人定义为：除去基本住所以外，其净资产至少达到100万美元的个人或夫妻；最近两年，年收入至少达到20万美元的个人或共同收入达到30万美元的夫妻，且收入在可预见的未来能够持续开放了参与风险投资的渠道。此外，《促进初创企业融资法案》（JOBS法案）允许风险投资机构面向合格投资人做宣传和推介。

除此之外，尽管有严格的限制，2016年春季美国证券交易委员会颁布的《促进初创企业融资法案》第三条的实施条例，放宽了对非合格投资人参与风险投资的准入限制，使其可以对美国其他地区进行风险投资。《促进初创企业融资法案》的颁布和实施将助推大量资金投入风险投资领域，这对于胸怀大志的创业者来说，可真是一个可以放手一搏的好机会！

创业者将进一步受益于互联网技术，因为它降低了初创成本。对于线上风险投资机构来说，资金需求量较低的初创企业是它们的理想标的，即使对于合格投资人也是如此，因为线上机构相比于传统机构会设置更低的投资金额限制，因此它们倾向于在单个项目上投入较少的资金。面向非合格投资人的线上机构则受到美国证券交易委员会更严格的限制，对他们在单个项目上有最高投资金额的要求，而这刚好适合那些对资金需求量不大的初创公司。

具有讽刺意味的是，包括我们在内的更多传统风险投资机构，只面向合格投资人，即使可以在线上进行投资，也还是设置了更高的最低投资要求。（我们的新公司VCapital设置的最低投资金额为25 000美元。）当然我们非常欢迎这些亲民的新机构，但说实话，它们的历史太短，现在判断到底能给投资者创造什么样的价值还为时尚早。

不管怎样，对于我们来说，就像做了一次虚拟的市场调研一样，能吸引众多小投资人的创业公司本身说明了其自身具有的市场价值，证实了早期创业概念的吸引力。如果这家公司有持续突破和进展并且因扩张而有更强的资本需求，那么我们也可能跟进投资。我们可能不会在公司初创期就介入，但当我们真的要投资时（在企业生命周期中仍属于早期阶段），投资人面临的风险也会降低很多——这是一笔公平的交易。

虽然创业公司在初创阶段资金需求量较少，但大多数有潜力的公司对资金的需求量将随着业务的发展而增长。在一些投资案例中，尤其是信息技术相关领域的创业公司，在扩张期需要大量资金以快速扩大市场。在其他领域，比如制药、生物科技等，公司在后期美国食品药品监督管理局测试阶段要耗费大量资金。此类公司即使进入后期阶段，其风险对银行或其他传统投资方而言仍然是非常高的，只有风险投资人基于长远眼光和较高的风险承受力所投出的资金才能与之需求匹配。

总之，在风险投资领域，无论个人投资者还是他们支持的创业者，都正在步入黄金时代，希望本书能为诸位踏上财富创造之路提供部分指引。

前言

2004年，在向电路城公司出售了自己一手创办的位于芝加哥的MusicNow公司之后，创始人兼首席执行官克里斯·格拉德温，在休假期间又萌生了新的创业想法。他在整理自己的文件时苦于个人电脑没有足够的空间存储自己收藏的全部图片，在冥思苦想如何解决这一难题时突然灵光乍现。

在云端服务器上存储这些有纪念意义的文件是一种办法，但格拉德温担心在脱离自己的掌控后，文件可能会丢失或被黑客侵入而丧失隐私权。格拉德温是麻省理工学院的高才生，毫无疑问，他立刻着手阅读加密学方面的书，并形成了一个具有颠覆性意义的解决方案，这种方案足以改变现有数据（包括他自己和其他人的图片文件）的存储和保密方式。

他意识到，要想将这个方法付诸实施，需要成立一家高科技公司，组建一个团队并募集大量资金。他创办的MusicNow是一家小而美的公司，但是在芝加哥，已经有很多年没有出现过一家成功得到融资的真正意义上的高科技企业了。类似的科技创业公司基本都在硅谷、波士顿128公路以及华盛顿特区的大都会区安营扎寨，因此，在芝加哥创办这样一家公司的难度和风险在当时看来绝不亚于决定创业这件事情。

与其他很多城市一样，芝加哥一度曾是创业公司集聚的中心，那些精力充沛、创造力十足、勇敢无畏的创业者在这里挥洒汗水，铸就未来。但如今，那些当年见证了芝加哥辉煌历史的创业者——零售业的马歇尔·菲尔德、房地产及零售业的波特 · 帕尔默、通信业的迈克尔 · 伯克、电子业的盖尔文家族（摩托罗拉）以及数据通信业的凯西 · 考威尔——似乎已是明日黄花。直到格拉德温创立Cleversafe之前，芝加哥经历了相当长时间的“创业低潮”，在整个互联网时代，中西部地区的商业资本都没有见到一家由芝加哥本地人创业、召集本地的人才团队并使用本地投资资金进入良性商业循环的高科技公司。

这种良性商业循环的建立靠的不仅是格拉德温的创新方案和召集合适人才组建团队的能力，还依赖于他筹集必要资金的能力——最开始从朋友和家人手上筹集，随后向当地的风险投资人融资，随着公司发展又从更大规模的风险资本处获取资金。

幸运的是，格拉德温有很多朋友，并且其中一些人还是合格投资者。

一旦在耗尽了资金来源，也即他通过亲友获得的资金无法满足公司需求（即使再优秀的人也会遇到这种情况），格拉德温就开始寻求高科技领域专业的风险投资人帮助，在芝加哥，这类投资人为数不多，所以他为了筹集100万美元资金付出了相当大的努力。

被格拉德温命名为Cleversafe的新公司是幸运的，格拉德温过去是（现在也是）一位正派、乐于助人的慈善家，他在自己举办的一场慈善派对上结识了一群芝加哥本地的创业者和风险投资人。

尽管很多专业的风险投资人拒绝了格拉德温，但是来自OCA风险投资公司的吉姆 · 杜根非常了解格拉德温，于是决定支持格拉德温的创业想法。格拉德温继续寻找更多的投资人与OCA一起参与投资。碰巧，他遇到了我们当时运营的投资机构——巴特森风险资本。我们也认为，随着大数据时代到来，大数据的存储和安全保障问题将很快变成一门大生意。

“童话可以成真，好运将会降临……”

接下来的故事，用人们的话说就是足以载入史册。虽然这个过程比我们预期的要久了一些，但是当2015年IBM以13亿美元的价格收购Cleversafe时，芝加哥一夜之间沸腾了，80名百万富翁在格拉德温的亲友中诞生，Cleversafe的员工和数不清的合格投资人瞬间变得更加富有。

格拉德温的大胆设想与现实需求的结合最终催生了巨大的市场需求，将想法付诸现实的出色执行力为格拉德温本人、公司员工以及投资人带来了巨大的财富。很多人获得了10倍以上的回报，最早一批投资者的回报甚至高达40倍。Cleversafe向世人证明，高科技公司可以在21世纪的芝加哥诞生，所以现在有更多创业者愿意放弃硅谷而选择在中西部的热土扎根。

类似Cleversafe的机会虽然稀缺，但是绝非独有。机会一直无处不在，但这需要人们不断寻求愿意承担风险的资金，即风险资本，来支持他们把梦想变成现实。本书将帮助你寻找机会，理解机会，获得勇气和运气，成为一名成功的风险投资人或被风险资本支持的创业者。最终，你将创造个人财富，为社会创造就业岗位，为国家发展贡献资本。简而言之，我们希望本书能助你赢得成功的事业和人生！

伦纳德·A.巴特森

肯尼思·M.弗里曼

（于美国伊利诺伊州芝加哥）

第一部分

风险投资群体

第一章 风险投资人：梦想的赞助商

风险投资人是风险投资行业的核心和灵魂。对于投资者和希望有所成就的创业者来说，要了解风险投资行业，就得从认识风险投资人这个独特且稀少的群体开始。

本章中，我们将对风险投资人做简单介绍。在第四章和第八章中，我们将针对投资者和创业者两个群体，分别介绍他们应该如何选择投资项目以及如何选择合适的投资人。

我们可以用很多种方式来理解风险投资人这个群体。其中一种就是把他们比作媒人，简单地说，风险投资人存在的基础就是将投资者的钱带到需要这些钱的创业者手中。当然，前提是投资者确实对这些创业者的项目感兴趣，而创业者也必须愿意接受投资者提出的相应条件。作为媒人的风险投资人必须从中协调才能达成令双方满意的结果。

风险投资人又像是婚姻咨询师，在投资者和创业者之间建立起沟通的桥梁，他们经常为创业者建言献策，增加创业成功的胜算。毕竟，创业公司的持续发展和伴随成功而来的巨大收益，才是真正将投资者和创业者紧紧地联系在一起的纽带。

当然，你也可以用其他方式来描述风险投资人，他们是赌徒、证券分析师、商人和创业偷窥狂。

风险投资是一个高风险、高收益的行当，所以风险投资人是精于计算的赌徒，这一点儿都不奇怪——他们时刻在权衡风险和收益。没有人能每次都赢，但是只要赢得的筹码能够补偿输掉的且还有盈余，这就已经足够了。

成功的风险投资人既有敏锐的直觉也有出色的分析能力。他们必须对大量可能精准也可能模糊、不完整的数据加以整合分析，从而为最终的决策提供依据。

风险投资人必须擅长交易和谈判，这可是唐纳德·特朗普特别推崇的能力。为了使投资成功，他们必须能够辨识不同人群的投资偏好，能清晰地将具有不同特点的项目与适合的投资者撮合到一起，并以合理的条件促成交易，简单地说，就是他们要清楚什么样的东西卖给什么样的人。

即使最成功的风险投资人，其投资失败的案例也要多于成功的案例，所以他们必须有非常强大的自信心。即便遭遇多次失败，他们也仍然要非常明确地向投资者表达自己对被投资的创业者和创业公司的坚定信心，并用自己和投资者的真金白银来证明这种信心。

风险投资人必须是一个怀疑论者，因为他们每做出一笔投资的背后都要否决上百个潜在的投资机会，他们必须不断地质疑其所见，要不断地给乐观的创业者泼冷水。这一点在与创业者进行最初接触时特别重要，有助于他们筛选出优秀的创业者，培养这些创业者的规范管理意识，确保创业者始终对关键风险点保持清醒，并能促使他们在深思熟虑后解决问题。但在另外一些时候，风险投资人又必须是一个乐观主义者，他要做到“投人不疑”，他需要清晰地意识到自己无法完全控制创业公司的日常运营，并要欣然地接受这个事实，一定要遏制自己对创业公司下意识的不信任。

风险投资人必须有能力在各种纷繁复杂的情况下，保持头脑清醒，游刃有余，因为他们时常面临如下尴尬的状态：

- 不确定的是，在投资者的钱到手之前，风险投资人几乎无法做出任何投资决策，但通常风险投资人必须确保自己在做决策之时能筹集到足够的筹码，而此时投资者往往对投资标的一无所知。

- 不确定的是，在做出投资决策之前，风险投资人获取的信息往往是有限的，但他们必须在有限的信息中捕捉到最多的线索并做出最明智的判断。
- 不确定的是，风险投资人持有的创业公司股权是极度缺乏流动性的，在最终实现收益（也可能是亏损）之前，无论好坏，持有期都会长达 5~10 年。
- 不确定的是，创业者会因为风险投资人是他们的金主而爱他们，但又会因为投资人对自己的控制和限制而心生怨念，尽管这种限制是事先约定好的。
- 不确定的是，投资者是基于信任才把资金委托给风险投资人的，但随着时间推移，投资者会因为还需要太长时间才能实现收益而逐渐失去耐心，但最终又会因为得到了出色的回报而对风险投资人再次展露笑颜。

风险投资人必须有足够的信心应对时常不期而至的逆境。几乎所有被投资的企业都不会像最初规划的那样顺利。大多数创业公司都至少走过一次“死亡山谷”，面临倒闭的威胁。巴克敏斯特 · 富勒曾经写道：“有时候，只有去了我不想去的地方才能发现我真正应该追寻的方向。”

尤其重要的是，风险投资人必须是一个商业通才，能够为被投资的企业提供合理的建议。他们不仅需要知道怎么做，而且要知道找谁来做，要清楚创始人需要何种资源以解决每一个特定的问题。通常，风险投资人管理的基金会有明确的行业方向，他们对这些特定的行业、市场或者技术有非常深入的了解。

还有一点非常重要，风险投资人必须对商业发展的规律有深刻认识。这意味着，他们有时会耐心地扶持企业的成长，但有时，他们会变得非常没有耐心并强势地要求创业公司激进扩张。大多数创业者一生只会全身心地投入一个生意，但是风险投资人会参与很多次创业和经营公司的过程。

风险投资人必须是一个敏锐的战略家。他们投资的企业必然是站在市场和技术前沿的，随着研究不断突破，这些企业可能随时需要战略上的转型。成功的风险投资人必须参与到企业战略路径的选择工作中。投资者和经营者也都需要具备这样的技能。

也许令人惊讶的是，成功的风险投资人所具备的卓越经营能力在必要时才会派上用场。虽然在大多数情况下，风险投资人并不需要深入参与被投资公司的日常经营，但是当一家仍有潜力的公司经营状况失控时，风险投资人就必须将船头摆正，将这艘误入歧途的船拉回正确的航道。

要知道，拥有上述倾向和技能的人并不多，愿意承担压力从事风险投资的人就更少了，在美国，大约有 500 家活跃的风险投资机构。考虑到有很多活跃的创业者和创业公司急需风险资本的支持，创业者需要了解这些风险投资人有限的时间和被排满的日程表。如果你打过的电话和发出的邮件在短时间内没有得到回应，请不要失去信心。你收到的他们关于自己并不在办公室或者正在开会等内容的回复，很可能就是事实，所以不要绝望，请耐心等待一段时间。

第二章　创业者：思想和“修养”

我们撰写本书的初衷是希望能给投资者和正在寻找投资的创业者一些实践指导，对于这两类读者来说，了解什么是创业者很有必要。创业者需要知道与事业成功概率相关的变量有哪些，而投资者则需要更加清楚地认识到自己要寻找的创业者需要具备怎样的素质。

创业者的基因

创新和规模一直是风险投资追逐的核心要素，我们在这里讨论的创业者正是指那些通过创新来实现公司价值最大化的人。在现代社会，人们似乎更容易接受具有一致性的生活模式，这种趋势让预言家、有识之士、前卫艺术家等创新者追求内心之路变得异常艰辛。他们独特的天分可能会被那些追求稳定和安逸生活、缺乏创造力的人视为一种威胁。对于固化体系（艺术、商业、科学或者政府）内的人来说，他们确实是现实的威胁，因为创业者的发现、发明和创造一旦被证明是更有效和有价值的，将终结原有既得利益群体的统治。

创业者既不完全相同，也不全然不同。我们将试着描摹一个集合了众多成功创业者特质的画像。

几乎所有的成功创业者都被自己内心深处澎湃着的、想要把握自己命运的欲望驱使，他们通常对他人强压在自己身上的权威观念非常反感，很多人在小时候出于不忤逆父母的目的而无法展现真实的自我，他们性格中对权威和条条框框的敌意，正是源自童年时代的自我压抑。

创业者通常不会随波逐流，他们喜欢追随自己的节奏，其中一些人甚至追求尽最大努力快速达成目标，并将其视为生存法则。这些最优秀的人，尽管可能在回避外部权威的约束和限制，但他们对自己坚守的规则是异常清晰的。

被激情驱动

创业者是被激情驱动的，这种激情通常能使他们全身心投入。在创业这件事情上，没有折中方案，如果一条路行不通，他们就再试一次。他们通常不是为了赚钱而选择创业（尽管能赚钱是最好的），而是为了能用自己的方式追求自己真正想要的。正如布鲁斯 · 斯普林斯汀在他的书《为跑步而生》（*Born to Run*，2016 年由美国西蒙与舒斯特国际出版公司出版）所描述的个人奋斗经历：我真正想要的只能是在历经千山万水后蓦然回首，内心深处仍在不停召唤的东西。布鲁斯说得非常对，成功的创业其实是将创业者强烈的内在需求在外部成功实现。

也就是说，创业是艺术冲动和艺术表达的结合体。创业者内在的动因会转化为外在的影响力，促使其将一个产品或者一家公司由理想变为现实。史蒂夫 · 乔布斯的内在动因就是他想制造出一种普通消费者可负担得起的台式计算机，他对这个初衷的坚持使得苹果二代计算机在 20 世纪 80 年代早期得以面世，这个型号的计算机受到了学校和年轻父母们的青睐。某些人的动因来自强大的内心，乔布斯却不止如此。乔布斯内在的动因促使他数次在不同的领域聚焦突破，不断地开发出使用统一软件平台的优秀硬件设备，最终成就了苹果这个世界级品牌。

斯普林斯汀和乔布斯遵从了自己内心深处的愿望，并坚持按照自己的节奏逐步实现这些想法，最终有所成就。斯普林斯汀这样写道：“我喜欢独唱歌手的非凡创意和自我表达，我也同样喜欢只有摇滚乐队现场表演才能传达出的喧嚣不羁感。我觉得同时拥有这两种感觉并非不可能，所以我坚持做独唱歌手，并聘请了一起跑步的社区老朋友们组建了我的乐队‘the E–Street Band’。”

斯普林斯汀和乔布斯都非常清楚自己想要什么，并坚定地为这个梦想，且以自己的方式一心一意地努力，一如既往地坚持，这使得他们的梦想最终变为现实。他们的激情和动力给了自己在身陷险境时也能坚持奋斗的勇气，更重要的是这种激情也能感染身边的人，这也是一个创业者需要具备的气场。比如乔布斯拥有非凡的感染力，他自带“现实扭曲力场”，让投资者、员工还有最亲密的消费者都相信乔布斯告诉他们的故事最终都将成为现实。

被“推动社会进步”的愿景驱动

最好的投资时机莫过于，当致力于解决前沿问题的创业者距解决问题只有一步之遥之时。这种有爆发力的项目在此时一般估值较低。虽然估值相对较低，但是这样的项目有摧毁或改造现有商业模式，甚至整个行业的潜力。

这些突破性的进展，意味着创业者有可能在赚取高额利润的同时为社会解决一个大问题，用颠覆式创新来破除现有痼疾是取得财富和声望的最好方式。

创立于芝加哥的诺斯菲尔德实验室就是这样一家公司。在 20 世纪 80

年代中期，艾滋病的传播威胁着整个社会，对艾滋病会在人群里大规模传播的恐惧成为笼罩社会的阴云，始终挥之不去，艾滋病的传播亟待被控制。血液传播被确认为艾滋病传播的一种主要方式，因此，一种完全无菌的且能保证没有艾滋病毒及其他血源性疾病的"人造血液"成为当时人们的迫切需求，这种"人造血液"能够适用于任何血型的病人，并且与现有的输血方式相比更有成本优势。

约十年前，当艾滋病还没有被人熟知的时候，一位在越南服役的美国海军医生亲眼见到了非常多的士兵和海员因为无法获得配型，尤其是对血液配型没有要求的产品尚未问世，而失去了生命。这种产品对于战地急救护理而言是极其珍贵的。

当这位医生从战场归来，他决定研发这种能挽救生命的血液产品。他开始从事这项工作，招募了数位研究员，从政府和国防拨款中获得资金支持，最终将研究成果运用到动物身上试验。艾滋病危机的爆发使得这个项目的成功变得更加急迫。

当本书作者莱恩（伦纳德 · A. 巴特森昵称）还在好事达保险做风险投资人的时候，他就注意到了这个创业团队。那时，成立于1958年的好事达保险风险投资部门是全世界历史最悠久的、最大的，也是最成功的风险投资基金。该基金最初的一笔投资是对CDC（Control Data Corporation）的45万美元的投资，这笔投资的成功既源于团队的先见，又因为非凡的运气。对CDC 45万美元的投资在四年的时间里增长至5 000万美元，弥补了其后所有失败项目的损失。有了资金和好事达保险高层的坚定支持，并且诺斯菲尔德实验室本身又有巨大的社会价值，好事达保险风险投资部门得以在这种"突破性项目"上放手一搏。诺斯菲尔德实验室正是这样一个典型案例。

莱恩约见诺斯菲尔德团队，并迅速地做出了投资决策，好事达保险作为领投方，蒙哥马利医疗风险投资基金（好事达保险是其主要投资人之一）作为跟投方完成了本轮投资。几乎是在完成本轮融资的同时，另一家著名的芝加哥公司对诺斯菲尔德实验室投资了 4 000 万美元。

数年后，尽管诺斯菲尔德实验室备受瞩目的产品依然没有问世，但公司以非常高的发行价格进入了公开市场。此后，公司依然在人造血液这个产品上持续投入，很多投资者在公司上市后都将收益变现。最终，一共有 2 亿美元被投入这项技术的研发之中。

诺斯菲尔德实验室确实研发出了一种名为 PloyHeme 的人造血液，一种基于人血红蛋白的携氧血液替代品。然而非常遗憾的是，该产品最终未能通过严格的人体试验，因为在三期临床试验中有两位病人的数据未达标。没错，就是这两位未达标的案例使得诺斯菲尔德实验室在历经 20 多年的努力后，其研发的人造血液未能获得美国食品药品监督管理局的认证。假如临床试验的群体范围能够再扩大一些，也许人造血液就能够获得许可，人造血液也能在今天被广泛使用了。

有些创业者曾经离成功仅有一步之遥，然而折戟途中。在诺斯菲尔德实验室这个案例中，尽管最终产品未能走向市场和需要它的人，但创始人和他的早期投资人都赚到了金钱和一定程度的声誉。

认清现实：当心金钱和权力的诱惑

尽管金钱和权力会随着事业的成功而到来，但大多数创业者并不是受二者驱使才投身创业的，驱动他们创业的最主要因素是对成就和胜利的渴望，以及能够基于自己独特想法进行创造的自由。

令人遗憾的是，一些创业者被事业早期的成功迷住了双眼，忘记了初心，最终让自己陷入困境。当梦想完全脱离现实，困顿也随之而来。伊丽莎白·霍尔姆斯和她创立的 Theranos 血液检测公司的困境就是一个具有教育意义的案例。

霍尔姆斯在很小的时候就设想了一种血液测试，在这个测试中，采集血液不需要针头，并且测试所需要的血量只有一点儿。霍尔姆斯依托这一想法投身创业，她在某种程度上效仿了苹果的创始人史蒂夫·乔布斯，包括全身黑色的穿着、对公司技术缄口不言、与董事会成员保持距离，甚至在知名杂志，例如《名利场》上刊登夸大其词的个人履历，这一切使得霍尔姆斯看起来就像是“硅谷梦”的化身。在通过风险资本募集了大量的资金后（这些钱主要来自一家公司），她的公司成功跻身超级独角兽之列，在私募市场估值达 90 亿美元。

然而，当《华尔街日报》的记者质疑这位常年穿着“硅谷黑”的“皇帝”（在这里，应该称之为“女皇”）其实并没有足够的技术支撑时，幻想开始破灭。公司对营销的投入远远高于对技术研发的投入，心怀不满的员工开始公开披露公司缺乏实际技术的秘密（其中一人是Theranos董事会重要成员的孙子），Theranos的大厦开始倾颓，估值也随之蒸发，些许复苏的机会似乎都很渺茫，特别是当主要的分销合作伙伴Walgreens已经以欺诈性虚假陈述为由起诉Theranos时，其败局已定。一个勇敢的造梦者也必须深深扎根于现实，需要团结所有重要的支持者，特别是需要员工们坚定并积极地一直追随左右。

我们事后分析的结果显示（尽管Theranos这家公司并没有正式倒闭），霍尔姆斯女士具备一个成功创业者所必需的特质和才能，她明显表现出了高度的个人责任感和奉献精神，并以最强烈的热情追求她的梦想。

然而，根据公开报道，Theranos内部交流像被隔离在竖井里，在对创始人崇拜的氛围中，“须知文化”由此产生。这种竖井让员工无法进入知识循环，无法以最佳状态对解决现有问题贡献自己的力量。有些创业者仅仅把自己的梦想和使命深深地藏在心中，拒绝与他人分享，而这样对他们自己是非常不利的。

对于Theranos而言，公司需要的是霍尔姆斯将其对自身的管理能力转变为能激发众多员工共同奋斗的领袖能力，但是这一点恐怕永远都没有机会实现了。在霍尔姆斯这个痛苦的案例中，傲慢和对傲慢的惩罚都体现得淋漓尽致。

时机的重要性

激情和动力对创业成功至关重要，但时机也非常关键。有时，创业者可以有意识地抓住时机，但有时能否抓住时机更多的只是运气问题。

现实中经常发生的是创业者的想法虽然精妙绝伦却因为太超前而导致失败。想想比尔·冯·迈斯特的例子，他一手创办的CVC（控制视频公司）因理念和技术超前而以失败告终，经重整后成了AOL。

有趣的是，比尔·冯·迈斯特和兴登堡号飞艇的发明者和创始人还是亲戚。兴登堡号在1937年的一次飞行中失火坠毁，97名乘客中有35名不幸丧生，这次事故使得利用飞艇旅行的短暂历史戛然而止。比尔也许从他那位德国亲戚身上继承了进取心和技术才能，但也继承了不当时机的坏运气，因为他从事的事业最终在AOL的手中得以实现。

在20世纪80年代初期，视频游戏风靡一时，比尔·冯·迈斯特作为一名电信专家受此启发，开发了一台9 600波特的调制解调器，将其用于将最畅销的视频游戏下载到早期游戏用户的家庭电脑中，这台机器定价100美元。随着迈斯特事业的发展，8家主流风险投资机构与他签署了协议并投资了1 200万美元。正如其中一家风险投资机构凯鹏华盈评论这些设备的销售情况时所说的那样，唯一的问题在于“他们本可以在加州1号公路上从卡车后面偷到比实际卖掉的多得多的机器”。迈斯特按照自己内心的想法行事，尽管他在当时赫赫有名的风险投资人眼中也是一个非常有价值的创业者，但是他缺少了一点儿运气，没能抓住最好的时机。他过早地进入战场，把所有火力投入在一场战役里，却失去了对整体战局的把握。

我们将在本书的其他章节中讲解CVC是如何存活下来，并打了一个成功的翻身仗的。新管理团队转变了对比尔 · 冯 · 迈斯特的先进电信技术的应用策略，最终的结果是AOL诞生了——作为率先通过普通电话线将互联网连接到家中的先驱，AOL涅槃重生。AOL与时代华纳合并时，其市值达到了 3 500 亿美元的巅峰。

有时候，时机甚至可能仅仅来源于运气。彼得 · 蒂尔和他的公司，以及他的团队创立了PayPal（在线支付服务商），在 2000 年互联网泡沫破灭前一周募集到了支撑公司发展的关键资金。他们是多么幸运！当时，只要再多等一星期，我们的VCapital创始团队就可以在泡沫破灭之前完成规模为 1 800 万美元的基金募集工作。可是这次募资泡汤了。蒂尔和他的团队变得富有和出名，而我们又重新回到各自的工作中，从头开始成立一只新基金，重新开始募集资金的工作，寻找新的投资标的。

我们在 2016 年重启了VCapital的组建工作，大环境的改善使得线上募资对合格投资人变得更具吸引力，得益于《乔布斯法案》（也被称为《创业企业融资法案》）对私募发行宣传限制的放松，现在我们可以在合格投资人中进行媒体宣传（在非合格投资人中也可以，但是要受制于更低的融资规模上限）。我们的团队在 2000 年时离成功只差一个星期的时间。实际上，错过募资窗口也许并不是很糟糕的事情，鉴于当时我们面临泡沫破灭时急转直下的市场行情以及其后长时间萧条的投资环境，即使我们将 1 800 万美元募集到位，并且按照自己的投资理念恰当地投资于优质项目，最终这些钱也很有可能以其他形式遭受损失。

对于现在投资VCapital（或者其他有声誉的风险投资机构）的投资者

而言，他们没有必要对投资风险过度焦虑，最近美国公开股票市场和风险资本市场的表现都足够强劲，业内专家也并没有发现不可持续泡沫存在的迹象。当下的投资环境与2000年时相比已大相径庭，今天的市场估值已完全不复2000年几乎每一个网络公司的股票都急剧增长的光景。

然而，我们从比尔·冯·迈斯特在20世纪80年代早期的遭遇和2000年网络泡沫破灭两件事情上能总结出的教训，是非常清晰的。时机是风险资本募资和投资过程中不可回避的重要因素，前进得不够快可能丧失机会，但延期有时候确实也能减少损失。

有些人可能会说，我们都会创造属于自己的运气，幸运总会降临在有准备的人身上。事情如果真的如此简单就太棒了，很可惜现实并非如此。

大多数想要获得主流风险投资机构投资的创业者都有充足的准备，他们时刻准备推销自己独特的产品，通常（尽管并不总是这样）他们会准备一份完整的商业计划书，一个闪闪发光的展示板，一个精心准备的电梯演讲，以期立刻吸引投资人的注意力。大多数风险投资的失败并不能归因于他们缺少准备，而是因为他们的产品或服务在当下不能催生或者满足一个成熟的需求市场，即使在风险投资人看来这是一个巨大的潜在机会。好时机至关重要，因为一旦你提供的商品或服务被推向市场，目标市场就必须做好拥抱这个产品或服务的准备。供给和需求曲线必须在恰到好处的时间交汇。

可以说CVC的比尔·冯·迈斯特以及他家族的前辈拥有好产品，但是这个市场并没有做好接受这些产品的准备——无论是一艘可能在异常情况下坠毁的飞艇，还是一个在线视频游戏。时机不对，即使像迈斯特和他的前辈那样声名显赫的创业者也很少能够走出困境，而那些赶上更加合适的时机的人往往能够收获成果。

经验和阅历同样重要

在以 45 亿美元的身家成功跻身全球最年轻的白手起家女富豪后，伊丽莎白 · 霍尔姆斯这颗耀眼明星的快速陨落与她的年轻和缺乏阅历有一定程度的关系。霍尔姆斯失败时只有 33 岁，她创建 Theranos 时年仅 19 岁。

诚然，一些成功的创业者获得风险投资支持的时候只有 20 多岁，例如比尔 · 盖茨、史蒂夫 · 乔布斯以及马克 · 扎克伯格。这个年纪的年轻人有充沛的精力和全新的视野，身上有无限的潜力尚待激发。

在多数情况下，创业者仅有年轻、经验或者阅历都是不够的，很难获得他人足够的信任。事实上，风险投资选定的创业者通常在 30~45 岁。这是一个最佳的年龄区间，创业者的精力和开放的视野能很好地结合，经验、阅历和由此产生的卓越洞察力也达到了巅峰状态。

很多风险投资人很喜欢经历过至少一次失败的创业者。年轻技术人才和有成功经验的首席执行官组成的“两人组”，也很受投资人欢迎。

最近，VCapital 正准备投资一个这样的“忘年”创业组合。这个核心团队由两人组成：一位是技术方面的年轻合伙人，他在机器学习和人工智能领域涉猎广泛；另一位是有丰富商业经验的首席执行官，他曾成功地创建并运作多家公司，并从事过风险投资的工作。

坚定的意志和充沛的精力是创业者的共同特征

一个企业的成功需要一群精力无限的人，这些人有一种与生俱来的自我驱动力，精神抖擞地从每一个清晨奋斗到深夜。他们体内都有一台永不停歇的发动机，会在星期六、星期日、假期等任何时候给你打电话，与你沟通他们的想法、问题以及计划。他们永远都在工作——部署下一步的工作，反复思考自己的决定面临的风险和机遇，行动——永远保持行动力。他们是一群无法安于现状的人，如果不全身心地投入，就很难从中获得乐趣。

成功的创业者总是忙碌而专注的。他们从来都是有的放矢，事情越艰难，他们就越坚强。这些成功的创业者通常重视结果并严格要求，在进展顺利时，他们对共事的人很宽容，然而身处逆境时，他们对人和结果都有严格的要求。

创业者在奋斗过程中需要坚定的信念和非凡的勇气。一个创业者在第一次尝试时，通常会失败，如果缺乏在困境中的历练，创业者就很难成长起来。第一次就成功的创业者往往更多地依靠了运气，但是能支撑一个创业者在失败后走出阴影、从头再来的是他们百折不挠的勇气。

创业维艰，无论公司还是个人破产都无法让真正的创业者沮丧，他们只是去对面的街角开一家新的店铺继续经营。这些最棘手的问题只会被视为成功路上的消遣和对他们创业资格的检验。挑战越艰难，随之而来的荣誉和成果就越辉煌和丰硕。尽管有很多成功人士具有和善、慈悲和真诚的特点，但成为一名成功的创业者是幸存者才能得到的奖励，它不是为心慈手软之人准备的头衔。

他们不仅意志坚决，而且勇敢无畏

相关统计分析得出，冒进是众多成功创业公司的共同特征。这是一个勇者为王的商业世界，一个不拘泥于传统甚至无畏者方能成功的时代。

高科技领域的创业者在构想和行动上尤为大胆。这些公司拥抱前沿科技领域，它们拒绝在已知的事物上浪费时间，并热衷于通过毁灭式创新构建全新的未来。与大多数普通人的想法和行为不同，对工作孜孜不倦的追求在他们眼里比生命本身更重要。

很多时候，创业者可能要做出“赌上公司命运”的决定。如果所做的决定出一点儿差错，他们面临的结果就是付不出工资、公司倒闭的窘境。AOL和Cleversafe在其发展历程中曾数次遭遇这种险境。幸运的是，在风险投资人为公司持续提供资金支持的情况下，AOL的重整计划付诸实施，早期的债权人和投资者也冷静下来转而支持公司重整，最终公司得以成功保全并继续发展。

培育创业者成长的环境

在过去六七十年的时间里，硅谷一直是创业勇士的头号乐园，总部位于硅谷的风险投资基金数量也多于世界上其他地方，创业者自然会跟在“金主”的身后，如影随形。

位于硅谷的风险投资公司，尤其是早期设立的机构，通常是由成功的创业者或在某专业领域内有所建树的技术专家或市场营销专家创立的。在这个高度连接的商业社区内，几乎所有人都相互认识，他们帮助募集初创资金（每个人都知道谁的手中有资金可供投资），将初创企业扶上马走一程。作为创业者，他们可以拿起电话向这个人际网络中的任何一个人求助，从而为新公司拿到最重要的启动订单。

硅谷的集聚效应一旦形成，就成为一枚磁铁，源源不断地吸引着胸怀抱负的创业者来到这里，进而形成一个高效的网状商业社群，由此硅谷成为一个创造财富和就业的发动机。这一切都建立在“硅”的基础上，没错，正是这个提炼于美国加利福尼亚沙子中的化学元素，被制成半导体硅晶片而引领了硅谷的腾飞，当然这一切也离不开硅谷几代开拓者无限的潜能和创新精神。

近年来，硅谷创业模式已经被广泛传播并复制，其他地区纷纷效仿，希望能将硅谷的财富创造发动机复制到自己所在的区域。对AOL的崛起做出巨大贡献的市场部负责人，AOL与时代华纳合并时期担任首席执行官的史蒂夫·凯斯，也是畅销书《互联网第三次浪潮》的作者，将这一趋势称作“其他地区的崛起”。

为创业公司成长提供良好环境的引擎，已不再局限于硅谷、波士顿128公路、西雅图、奥斯汀以及华盛顿特区等地。致力于培育更多企业成长的温室已经越来越多地出现在纽约、芝加哥、洛杉矶、辛辛那提、圣路易斯、密尔沃基、底特律、印第安纳波利斯、费城、圣迭戈、凤凰城，以及中国、印度、哥斯达黎加和世界其他很多地方。几乎所有孵化器都在复制硅谷模式，但也融入了当地独有的资源、专家和人才团队。加速器、孵化器、创业相关的论坛、高校研究中心、数不清的课程等，甚至在最偏远、看似最不可能出现的地区不断涌现出来。

芝加哥创业生态系统的诞生

芝加哥地区是一个绝佳的案例，向我们展示了良好创业环境存在的必要性，以及当创业生态形成后对整个地区的影响。从发生芝加哥大火的1871年到现在成功孵化数百家创业公司的1871孵化器，芝加哥已经成为许多创业者的新乐园。

早期的创业浪潮出现在农业机械领域（麦考密克收割机）、肉类加工产业、铁路业、房地产业（波特·帕尔默）及零售业（马歇尔·菲尔德百货公司）。20世纪，随着新技术崭露头角，摩托罗拉、泰乐通信以及美国机器人等公司的出现预示了科技浪潮来临。

然而，芝加哥的高校在创建能够培养高科技创业者及创业公司的文化和基础设施方面远远落后了。芝加哥大学历史上以人文学科见长，并不重视科学和技术类学科，更不用说会有与科技相伴而生的科技领域的创业者了。本书作者莱恩在20世纪80年代初次来到芝加哥时，到处都有与尖端科技相关的创业方案，然而主流教育机构和政府对这些新兴事物的扶持政策却几乎没有。

也许身体里天生流淌的就是创业者的血液，莱恩和他当时在芝加哥大学攻读博士学位的兄弟比尔，联系到了很多在生物医药领域做研究工作的科学家，这些科学家与他们一起撰写了一份Helix公司的商业计划书。Helix公司准备进军的领域具有非常好的前景，同行业的基因泰克公司当时刚完成上市并在二级市场受到执烈追捧。

来自美国其他地区的风险投资人表达了他们的投资兴趣，但芝加哥本地的风险投资人却无法想象一个足以改变世界的生物技术公司是在自家的后院里诞生的。在最后时刻，芝加哥大学的科学家们对参与创业公司的事情打起了退堂鼓，因为他们仍在象牙塔里的同事对他们离开学校去追求经济利益的行为感到震惊，并表示不赞同。值得一提的是，本应由Helix研发的重组人红细胞生成素随后在哥伦比亚大学被成功合成，这个化合物成为安进这家估值达数十亿美元的生物制药巨头的技术基石。

芝加哥的高校在创业培育方面一直未能跟上时代节拍，又耗费了近10年的时间才最终创立了ADC（Arch Development Corporation）——被用于扶持芝加哥大学和阿贡国家实验室的技术商业化。在好事达保险风险投资部门的支持下，ADC扶持了众多成功的行业先驱，其中包括纳米领域的翘楚——纳米技术公司。ADC后来变身为“拱基金”，聚焦于芝加哥地区大学和实验室的技术，成为一家专注于寻找颠覆性技术并进行投资的风险投资机构。

在芝加哥当地的大学意识到能够通过早期项目推进创业公司，并真正参与其中之前，伊利诺伊大学的马克·安德森研发了第一个网络浏览器。由于在芝加哥当地无法得到足够支持，安德森将大本营迁往硅谷，创建了利用浏览器改变互联网面貌的网景公司。在接连失去两家估值高达数十亿美元的一流公司（安进和网景）后，随着拱基金和位于西北大学的技术转让中心的快速发展，美国中西部地区终于逐步意识到了高科技企业的前景。

经过艰苦卓绝的奋斗，洒下的汗水终于促使果实成熟，除了1871孵化器以外，由富有远见的芝加哥创业者霍华德·图尔曼经营的Matter出现了，Matter是芝加哥排名第二的创业孵化器，现在已经成功地扶持了400多家创业公司。他们目前在由零售业先驱马歇尔·菲尔德建造的，位于芝加哥的购物中心办公，此购物中心为约200家生命科学和生物医药领域的公司提供服务。现在主流高校都开设了关于如何创业、制作商业计划、应对竞争等内容的课程，相关风险投资机构也经常从这些学校的校友处募集资金。一些风险投资机构也开始为少数族裔群体、女性、退役军人以及任何手握较好的创业方案的人提供资金支持。

如今，芝加哥已经有充足的风险资本，作为科技和创新中心的芝加哥被越来越多的人认可，来自美国沿海和其他地区的资金也不断涌来。直到如今，在芝加哥孵化出的创业公司仍然比较低调，但是Cleversafe这家由芝加哥本土风险投资机构扶持起来的第一只独角兽，让这座城市的投资人群体得以大幅度扩大。IBM对Cleversafe的收购造就了80多位百万富翁，他们将这笔财富再次投入位于芝加哥的创业公司，形成了一个良性循环。

正如芝加哥一样，一座城市要改变传统，铸就创业生态，仅仅需要将一家公司培育壮大，当AOL的成功在华盛顿特区造就了1万名百万富翁的时候，华盛顿特区由此成为主要技术创新和创业基地之一。当以色列首家科技基金所投资的一家公司被AOL收购后，其产生的巨大收益催生了以色列的创业热潮。

一个老生常谈的问题：创业者是天生的还是养成的？

在全球范围内，不断壮大的创业社区已经成为一个不可忽视的重要力量。成功创业者所具备的能力到底是与生俱来的，还是能够从聪明、有激情的人群中筛选出来进行培养的？一些大学开设了培养创业者的各类课程，是否意味着参与学习的人都能实现这项教育的初衷，被培养为成功的创业者？

如果没有支持创业的土壤，即便是最意志坚定、吃苦耐劳并且具有天赋的创业者，也不太可能从零开始成功运营一家公司。可能很多人会尝试，但几乎不会有人成功地将企业做得很大。令人鼓舞的是，这样的创业土壤在很多地方已经开始成熟，创业生态以及更便利的融资环境触手可及。

芝加哥以及其他创业中心的经验告诉我们，如果创业的动因存在，创业的能力和精神就可以被传授和学习。当然，如果没有想要有所成就的愿望，创业者想获得与创业先驱一样的成功也是遥不可及的。换句话说，让创业者走向成功的公式越来越像先天优势和后天努力的结合。

拥有内在的激情以及对打破现状的渴望是创业者的重要特征，在此基础上，有一个良好的外部创业生态环境以及不断学习的状态，也非常关键。这种学习不一定必须在校园内进行，因为实践出真知，通过实践来学习无疑是最有效的方式。创业的激情如果确实存在，无论成功与否，都会让创业者的努力变得更具价值。接下来，就像人们所说的那样，你如果一开始没有成功（因为你很可能不会第一次就成功），就请不断地尝试吧！

第二部分

投资者：如何实现高收益

第三章 为什么应该配置风险资本

我们热爱风险投资：对于莱恩而言，风险投资是他毕生的事业；对于肯（肯尼思 · M. 弗里曼昵称）来说，这是一项在他奋斗半生后，因偶然机会产生兴趣并决定投入其中的事业。肯在经历了传统企业高管的工作，以及作为一家中型制造企业的非执行董事等职业生涯后，现在以投资人和战略咨询顾问的身份从事风险投资工作。如今作为VCapital公司合伙人的两位作者很自豪地在这里与读者分享他们的喜悦，因为通过风险投资，他们为投资人、自己的合伙人及他们的家庭创造了大量财富。

在这里，我们需要回答的问题是，为什么此时正在阅读本书的“你”需要将一部分资产配置在风险资本上。虽然我们都在通过风险投资赚钱，但是如果有人向你保证风险投资将给你带来财富，千万不要相信他，因为接下来，我们将不厌其烦地提醒你，这是一种高风险的投资。尽管如此，即使你并不认为自己可以承担过高的风险，我们也仍然会告诉你很多充分且合理的理由以支持你投身其中。

保守型投资者也可以参与风险投资

由于莱恩一直从事风险投资行业，也许肯的经历会更有说服力，让肯来告诉你为什么肯会被风险投资吸引并从事这个行业，你可以将肯的经历与自己的情况联系起来，进行比较。

肯是一个风险偏好极保守的人，“一板一眼”是他的好友用来形容他的词语，肯的妻子和长期合作的金融咨询师都同意以上描述。他自认为是一个价值投资者，对风险投资的兴趣是他在结束了在一家 500 强公司的工作后萌生的。肯从未想过自己会在 50 岁出头的年纪提前退休，当时他心脏病突发，这让肯十分恐惧。两个月后，他平生第一次被解雇，因为他的上级认为他再也不可能像以前那样在世界各地奔波了。

这些遭遇让肯萌生了彻底离开高级职业经理人行当的想法，肯没有再去寻找任何相关的职位。在过去的职业生涯里，肯完成得相当出色，即使不再工作，也能舒适地生活。他并没有达到职业经理人事业的最高峰，所以并非大富大贵，却也能生活得惬意。

考虑到健康问题，因心脏病突发而选择离开，焉知不是塞翁失马？在经过专业的心脏康复治疗后（这个疗程包含了健康饮食及日常锻炼），肯减掉了 45 磅[①]的体重。在发病后不到 5 个月的时间里，肯和妻子完成了环冰岛的自行车骑行，平均每天骑行 30 英里[②]。随后，肯又爱上了跑步，并像打了鸡血一样获得了同龄组 5 000 米赛跑的冠军，在之后更激烈的赛事中也取得了不错的成绩。

为什么这个保守的退休老头决定投身风险投资？其实肯是擅长分析和决策的人，由于退休后不再受繁忙事务的束缚而有了大量时间，开始思考如何管理自己的资产。他发现这些资产必须能够继续保值 30~40 年，至少要让他（如果幸运的话）和妻子在有生之年受益。

这方面的研究让肯越发认识到资产配置的重要性，以及自己对资产配置需求的迫切性。尽管肯个性保守，但肯的资产组合中必须包含一些更有

① 1 磅≈0.45 千克。——编者注

② 1 英里≈1.609 千米。——编者注

增值潜力的激进型资产。当时正值 2008—2009 年金融危机，股票市场一泻千里，基准利率直奔零而去，肯意识到长期国债已经无法选择，一定要选择能对冲未来高通货膨胀影响的金融资产。幸运的是，相对于大众而言，作为一名被公认的合格投资人，肯比其他人有更多选择。

在进一步探讨前，再次解释一下何为“合格投资人”。美国证券交易委员会将合格投资人定义为：除去基本住所以外，其净资产至少达到 100 万美元的个人或夫妻；在最近两年，年收入至少达到 20 万美元的个人或共同收入达到 30 万美元的夫妻，且此水平收入在合理预期内能够持续。

尽管未必特别富有，但是一名合格投资人意味着你是富裕的，确实有投资金融资产的需求，也意味着你可以投资风险资本或其他私募基金等资产类型。不久之前，这些资产类型还都是不允许非合格投资人投资的。最近美国证券交易委员会放宽了限制，允许尚未取得合格投资人资格的个人参与风险投资，但允许其投入的金额非常少。

巧合的是，我是肯在哈佛商学院的同学，在对他因病退休及产生投资兴趣一无所知的情况下，找到肯并希望他能够成为巴特森资本的投资者之一。实话实说，在此之前肯从未想过风险投资，但我分享的背景资料激起了他极大的兴趣，我所领导的基金和投资团队拥有良好的历史业绩。

幸运的是，肯的理财顾问非常开明和专业，他真的是完全出于为客户找到合适的理财方案的目的。当肯问他投资巴特森资本如何时，尽管他所在的中介机构对这类投资不会给予收益分成，但他仍然支持肯参与其中。

肯的顾问向他解释，风险投资与股票市场、债券市场的收益表现不存在紧密联系，他将风险投资视为和另类投资一样——一种能在长期平滑股票和债券投资收益曲线的资产类型。尽管单个风险投资项目具有很高的内在风险，但是通过内部的多样化组合可以达到降低投资组合整体风险的效果。事实上，当肯开始投入一定的资金后，他的理财顾问建议投入更多资金以提高资产配置的多样性，他也追加了更多资金。

要讲清楚的是，肯并非想要也不能指望通过风险投资赚大钱。实际上，他在投资上很保守，我们最初在巴特森风险资本的投资是针对整体投资组合，并非一两个项目的，这就降低了风险。在风险投资这个资产类型的内部进行了多样化配置，当然这种选择也降低了潜在收益。肯的初衷是希望这个组合能够有12%的年化收益率，最好能（但并不指望）获得莱恩所保持的28%的历史业绩。令人开心的是，肯最早投入的钱很大一部分被用于投资Cleversafe，这真是让他不由得嘴角上扬。

针对通货膨胀和长期熊市的对冲手段

考虑到未来的通货膨胀，肯最初想对总资产做更激进的分配。其实通货膨胀近年来趋势平缓，但他清晰地记得20世纪70年代末至80年代初急剧通货膨胀的威力。那时候物价以每年近10%的速度上涨，抵押贷款利率超过15%，如果你每年的薪资涨幅不能达到两位数，那么你的生活水平将每况愈下。

也许这种情况在肯的余生里不会再次上演，但是过去几年接近零的低利率政策，以及政府毫无节制的赤字水平让人们胆战心惊，要知道这些都是引发恶性通货膨胀的罪魁祸首。专家们已经提醒过大众，特朗普政府即将出台的多项政策，包括实质性减税及增加建设开支等政策，将使政府赤字维持在高位，并将继续推高近年来保持良性的通胀率。对于那些有能力承担相应风险的人群而言，这是一个强有力的理由让大家在偏向保守的理财方案中加入一些激进型的资产。

通货膨胀并不是唯一的担忧，2008—2009年金融危机中“股债双杀”的情景依然历历在目。得益于理财顾问的建议，肯和妻子当时并没有跟风选择将资产廉价变现，而是坚持继续持有，由此避免了一次资产大缩水。尽管如此，经历了这次危机让肯见识到在极端情况下，资产价格大跳水和反复波动的惨状。毕竟肯已不再能在大公司获得稳定的高薪，日后主要收入来源于他所投资的资产组合，所以他必须避免这种剧烈的波动也是基于自身情况的考虑。

因这场危机到来而产生的恐惧让肯开始分析历史数据，人们期待从股票市场上获得长期可靠的收益，然而肯发现快速的下跌和漫长的熊市才是股票市场的常态。

肯对比了 2000 年年初和 2017 年年初的股票市场表现。尽管我们听到的都是一个关于长期牛市的描述，但是事实是标准普尔 500 指数在过去 17 年里平均每年只增长了 2.7%，将每年 2% 的分红因素考虑进去，其年均增长率也未超过 5%。大家很难相信这个数据是所谓牛市的结果。

随后肯又联想到 20 世纪 70 年代自己上学时遭遇的经济危机，幸运的是，当时肯还不需要考虑投资和积累财富这件事情，市场经历的阵痛对他还无法造成影响。但这些历史数据还是让他恐慌，标准普尔 500 指数从 1973 年开始持续下跌，历经漫长动荡，最终在 1983 年才恢复到 1973 年 1 月的水平。然而好景不长，在 1983 年年末至 1984 年年初时，它又再一次跌回 1973 年基准线以下。

在互联网热正值高潮的 1999 年，巴菲特在为其主要投资人举办的论坛中发表了演讲，他对历史数据的记忆和研究展示了更严峻的结果。正如艾丽斯 · 施罗德在 2008 年出版的《滚雪球：巴菲特和他的财富人生》一书中所描述的那样，巴菲特提醒这群富有权势和影响力的大咖听众，目前市场上存在巨大风险，尽管没有给出危机的具体时间，但是他已经预见并提示大家在某时点将出现暴跌。

施罗德女士写道，巴菲特先生在演讲中确实强调了目前股票市场投资面临的时机风险。他解释道："短期内，市场是投票器；而长期来看，市场是称重器。重量最终才是有价值的，但是短期内，数量很重要。不幸的是，你们都知道，人们并不需要只有通过文化考试才可以获取投票资格。"接着，巴菲特在演讲屏幕上播放了一张简单的幻灯片，内容如下（见表3–1）。

表 3–1　道琼斯工业平均指数

道琼斯工业平均指数	
1964 年 12 月 31 日	874.12
1981 年 12 月 31 日	875.00

他继续说道，在 1964 年至 1981 年这 17 年的时间里，经济规模增长了 5 倍，《财富》500 强企业销售额的增长超过 5 倍，然而其间，股票市场的表现却几乎没有变化。

正在阅读本书的朋友们也许能够记得在 1999 年巴菲特演讲后不久所发生的事情。标准普尔 500 指数以 1 469 点告别了 1999 年，一路下跌，在 2002 年年底跌至 880 点。纳斯达克的情况则更加糟糕。2000 年 3 月 10 日，纳斯达克指数曾达到 5 132 点的日中高位，在随后一年里，纳斯达克指数跌掉了一半，最终在 2002 年 10 月 10 日触底，日中最低点跌至 1 108 点。在此之后，2007 年 5 月，纳斯达克指数反弹到峰值水平的一半，直到 2016 年，才又重新恢复至 2000 年峰值的水平。

太多投资者不断地重复"投票"，他们并不遵从巴菲特"买入并持有"的法则。在纽约交易所，单个交易日的综合交易中，平均有 30 亿~40 亿股的股票换手。更糟糕的是，太多投资者在市场行情上扬时跟风买入，又在价格下跌时慌忙卖出。在最近的波动中，普通小投资者仅仅在等待交易指令被执行的数分钟里就失去了部分财富，而高频交易者有能力使自己的交易在瞬间成交。

与之相反，风险投资对短期价格和估值的变化并不敏感，风险投资天然就是一项长期投资，并不适合做短期交易，因此，你不会像在公开交易的证券市场中那样搬起石头砸自己的脚。风险投资的价值是基于投资公司的长期价值而非短期市场表现的。

对冲基金和私募股权并购基金已不再具有吸引力

顺便提一句，如果你认为能够通过对冲基金以及主动管理的方式跑赢市场，那么请三思。市场上关于进取型对冲基金和靠对冲基金赚了大钱的投资大师的传说不胜枚举，卡尔·伊坎、威廉·阿克曼、巴里·罗森斯坦等都是大家耳熟能详的名字，媒体对这些大咖铺天盖地的宣传让人们以为这些人一定赚了大钱，投资这些对冲基金的投资者进而对收益也充满了信心。

其中一些进取型对冲基金在数年前获得了非常可观的回报，基金创始人群体也获得了巨额个人财富。但在当下，已经有太多金钱去追逐为数不多的优秀基金管理人，因此，一些不那么出色的基金也得到了追捧。结果，这些基金近年来的收益表现普遍不是很理想。《华尔街日报》引用了对冲基金研究机构追踪的指数，数据显示，2015 年进取型对冲基金在扣除管理费后的平均回报率仅为 1.5%，同期标准普尔 500 指数的收益率为 1.4%，2015 年是其收益率连续下降的第三个年头。

还有一个更加令人失望的情况，私募股权基金近年来的成绩也不尽如人意。根据经济政策研究中心发布的白皮书，私募股权基金相对于标准普尔 500 指数的收益差距近年来一直在缩小。这里简单介绍一下背景，经济政策研究中心（www.cepr.net）是位于华盛顿特区的非营利智库，通过专业的研究和公共教育推动复杂的经济和社会问题的解决。

研究者发现，私募股权并购基金的收益率中位数在20世纪90年代平均跑赢标准普尔500指数1.75%，21世纪初变为1.5%，而在2006年以后，两者的收益率几乎持平。不仅如此，当比较对象变成以中盘股构成的指数时，并购基金表现得更差。由于标准普尔500指数的成分股均为大型公司，而并购基金投资组合里通常是中型规模的公司，因此，用中盘股做比较应该是更为合理的。

总之，私募股权并购基金的问题就在于供小于求，有限数量的好产品无法满足投资者旺盛的需求，前面提到的白皮书中指出："到2016年为止，共有4 100家总部位于美国境内的私募股权投资公司互相竞争，寻找高业绩表现却低估值的投资标的，然而这样的好标的数量持续萎缩。除了2015年新募集的1 850亿美元外，并购基金里仍有以前年度募集的4 600亿美元的资金尚待投出。"

风险投资的强劲历史收益

其他资产类型存在的问题我们已经了解得够多了，让我们重新聚焦，思考风险投资到底有哪些优势。非常重要的是，风险投资是创新之源，对经济增长至关重要。想想过去十几年里那些成功的商业案例吧，比如微软、谷歌母公司Alphabet、脸书等，这些公司都是由风险资本孵化的。市场上仍有很多未上市仍在凭一己之力发展的创业公司，以及被知名企业收购的高价值创业公司。因此，风险投资的总收益一直非常出色，目前，并没有迹象表明这种高额收益会消失。

这一结论也得到了汤森路透风险投资研究指数的支持，该指数在

2012 年被用于衡量风险投资行业的整体收益表现。基于该指数的统计结果，自 1996 年开始，尽管受到了 2000 年网络泡沫崩溃的影响，但是风险投资行业整体平均收益率达到了 19.7%，而同期其他传统的权益和债券投资只有个位数的收益率。

量力而行：在你能承受的损失范围内投资

这里要讲清楚一点，本书并不是建议人们要在风险投资领域投入很大比例的资产。这是一个高风险、高收益的资产类型，人们应该遵守的投入原则是：即使投入的资金全部损失，你目前的生活状态也不会受到影响，否则多一分钱你都不要投入。

你如果是一个合格投资人（大多数风险投资机构都将投资人名单锁定在合格投资人身上，因为针对非合格投资人的限制太严格了），就应该有能力承受 5% 的净财富损失。如果你并非合格投资人，美国证券交易委员会将会限制你对风险资本的投入，阻止你承担不当的投资风险。

众多大型机构偏好风险资本

说完了风险，让我们看看振奋人心的一面，风险投资的平均回报率的确让人兴奋！这也是为什么众多养老基金和捐赠基金都会将部分资金投入风险资本。当然他们也会投资其他私募股权基金，尤其是当这些基金表现良好的时候。经常被作为投资收益标杆的耶鲁大学基金会，自 1973 年以来，在风险资本投资和私募股权投资板块取得了近 30% 的平均收益率。利用丰厚的捐赠和投资回报，耶鲁大学在纽黑文市西侧投资建设了一个大型卫星校园——康涅狄格校区，主要用于科学和技术研究，积极促进发展它的研究生商学院，并和纽黑文市与本地发展起来的欣欣向荣的风险投资机构一道进行投资。

再强调一次，要记住，与耶鲁大学基金会相似的机构可以通过对众多有前景的公司广撒网以分散投资风险。然而你并没有能够在相同程度上分散风险的能力，由于风险投资天然的高风险和高收益的属性，在这一资产类型内部进行分散化投资也非常重要。然而你会发现，在你的风险投资资产内部进行多样化配置的方式，与传统股票和债券资产的多样化配置方式完全不同。后面我们再做讨论。

投资于风险资本的感性因素

你已经看过了关于将一部分资金分配在风险资本上的理性原因，下面让我们讲一讲更加私人化的感性因素。

试想当一个创业公司在你投入资金的帮助下成功地为社会提供了优质商品和服务时，你的满足感会油然而生。也许一个你深爱的人正在遭受癌症、阿尔茨海默病或其他恶性疾病的折磨，而你投资的一家企业正在为研制抑制疾病的药物和方法而努力，这难道不令人感到欣慰吗？或许你对拯救环境非常热衷，难道投资一家致力于让地球充满绿色的公司不会让你心潮澎湃吗？

如果你是一个生理需求、安全需求和社会需求都被满足了的幸运儿（感谢马斯洛博士阐释了人类需求等级），那么想要帮助其他人、希望为社会做出贡献是自然而然的事情。与此同时，你又能有机会实现高额财务回报，何乐而不为？

此外，还有一个因素是投资风险资本本身是一件更令人激动并且很有趣的事情。正如我们基金的投资者所说的，相比于投资纯指数基金，他们还是更期望听到自身参与投资的创业公司取得的最新进展和成就。他们认为在 10 家或 20 家被投资企业中出现一个成功的案例就已经让他们欣喜若狂。

虽然我们知道自吹自擂是很不礼貌的行为，但是在高尔夫球场或者鸡尾酒会上与朋友们分享自己的投资发现，不也是乐事一桩吗？

第四章 如何寻找适合的风险投资机构

既然你已经决定将风险资本作为整体资产组合中的一部分做配置，那么，你该如何选择一家风险投资机构？

调查风险投资机构的背景

放眼望去，似乎有很多投资机构可供选择。根据美国找公司网（www.FindTheCompany.com）显示的结果，共有约 1 200 家投资公司可作为备选项，这 1 200 家机构里包含部分海外投资机构和天使投资团体。

风险投资机构和天使投资团体的界限并不总是那么清晰，天使投资团体投资更早期的创业公司，他们往往在公司初创时就投入资金。严格定义的话，不包括天使投资团体和个人天使投资人在内，美国风险投资机构的数量大概在 500~600 家。

除非你对风险投资这件事情已经足够了解而且有充裕时间，否则我们建议你将天使投资从备选清单中删除。天使投资团体通常需要投资人有充足的时间参与项目筛选、尽职调查以及一些行政事务，而在风险投资机构中，这些事情都会由专业人士为你完成。

既然本书吸引了你的注意力，我们就假设你对风险投资并没有太多经验。如果是这样，那么我们强烈建议你寻找一家有丰富经验和成功案例的专业投资机构。这样，可供你选择的机构数量又少一些，但看起来仍为数众多。经过层层筛选后你会发现，真正能作为选项被纳入选择范围的机构，其数量远没有看起来那么多。

当你环视风险投资行业，你会发现这些风险投资机构的规模差异很大，每家机构管理的资产规模不等，少的 1 000 万~2 000 万美元，而规模大的可以达到 10 亿美元以上。一家专注于高科技创业公司和风险投资领域的公关公司沃克金沙通信，给出了一份总部位于美国的风险投资机构名单，其中最大的机构是位于加利福尼亚州门洛帕克的恩颐投资（New Enterprise Associates），其管理的资产规模达 110 亿美元。第二大风险投资机构是来自帕洛阿尔托的阿塞尔合伙企业（Accel Partners），其管理的资产规模达 88 亿美元。这份榜单上资产管理规模超过 10 亿美元的公司共有 53 家。

事实上，你可以把上述 53 家公司从备选清单里划掉，因为它们根本不会接受你的投资款。现实情况是，普通的个人投资者很难找到富有专业经验且有良好历史业绩的风险投资机构来接受他们的投资。

除非你非常富有，或者有极广的人脉和社会地位，抑或你愿意将自己大部分的资产投资委托给单独一家机构，否则这些大型机构不应该在你的考虑范围内。大机构的投资准入门槛通常需要数百万美元，它们的客户一般是大型机构投资者，比如养老基金、大学基金会或者母基金等。

也有部分领军机构可能接受 100 万~200 万美元规模的投资，但除非你的个人资产达到 1 000 万美元以上（如果是这样，那么恭喜你！），否则，我们不建议你在风险投资上投入这么多。尽管我们都很热爱风险投资这项事业——莱恩已经出色地在这行干了 30 多年，肯也全身心地投入做了几年——我们仍然坚持认为，在你的个人资产达到 1 000 万美元以前，不要在风险投资上投入超过个人总资产规模 5% 的资产。美国家庭资产超过 500 万美元的家庭数量大约有 100 万户，资产达到 1 000 万美元的不超过 50 万户。你如果不属于这个金字塔顶端的人群，我建议你就不要在风险投资上投入很多钱，更不要将这些钱全部投在一只基金里。

你也许听说过一些大型投资机构在设立主基金时，也会为个人投资者成立一个小的“边车基金”，但这些边车基金通常只会开放给机构的主要社会关系、前任管理层及其他重要的商业伙伴等。如果没有这样的关系，你就可以将边车基金相关的信息从备选名单中删除了。

在排除以上选项后，你仍需要一些方法来继续筛选以便找到适合自己的风险投资机构。这里有几个维度可供参考，比如机构管理的基金所偏好的投资阶段、聚焦的行业以及地域等。

找公司网上有非常全面的数据供你从以上维度挖掘。网上的汇总列表中会清晰地列明机构总部所在地、偏好投资哪个融资阶段的创业公司，以及在所有交易中投出的最高和最低金额。在公司层面，你可以进一步查询到更加具体实用的数字，包括每家机构成功投出的项目数量，投资组合中的项目数量、类型及所处的行业等信息，每笔投资的规模、已经累计投出的金额以及退出规模和退出方式［通过首次公开募股（IPO）还是并购等］。这个数据库虽然翔实，但是并非完整，我们刚成立的新公司以及所投资的某项目，以超过 10 亿美元的价格成功退出的信息早已见诸报端，但关于这个成功案例和我们成立的新公司的相关消息却未被收录其中。

另外一个比较有用的信息渠道是行业协会网站，美国风险投资协会（网址是 www.nvca.org），网站上共有近 350 家会员单位的信息和每家机构的网址链接。但是，这份名单仍然是不完整的，并没有包含像我们公司这样未交会费的投资机构。

下面就让我们逐一分析在选择风险投资机构时需要考虑的实际因素。

根据投资阶段选择

让我们从一家公司的成长阶段入手做分析。很多风险投资机构只专注于投资一到两个阶段的创业公司，这为我们提供了一个非常好的筛选维度。根据美国风险投资协会在 2015 年年鉴中所做的关于企业阶段定义以及有关企业发展周期和相关投资阶段的描述，我们做简要介绍。

种子阶段

在这一阶段，创业公司对资金的需求量相对较小，此时的资金只被用于验证市场和产品概念。种子阶段的任务通常包括市场调研、产品调研、提出资本投入预算以及着手组建管理团队并制订商业计划。此时，通常任何正式的市场推广都尚未启动。

种子阶段的融资一般是在创始人透支了全部信用卡和耗尽了亲戚朋友提供的资金后开始进行的，创业者从天使投资人或者天使投资团体手中获得资金。但是也有一部分创业公司会被专业的风险投资机构关注并主动跟进投资，尤其是在一些机构认可创业公司业务模式，并准备在该模式被初步验证后继续投资的时候。这也是之前我们为什么说天使投资团体和风险投资机构的界限并不总是那么清晰。

种子阶段的融资规模一般不超过 50 万美元，但偶尔也会达到 100 万美元。天使投资协会在 2013 年呈交给美国证券交易委员会的文件中给出了经其调查分析得出的数据，天使投资的单笔平均规模为 34.2 万美元，而风险投资（囊括所有阶段）的单笔投资规模为 720 万美元。

为什么有人愿意在企业的初创期投资？因为这也许是一笔划算的买卖，初创企业在这个阶段的估值显然很低，所以，投资人的潜在收益是巨大的。但要注意的是，种子阶段的投资并不适合心理不够强大的投资人，因为投资人往往对初创企业未来的发展情况缺乏了解和判断，这笔投资本身存在极大的不确定性。

早期阶段（种子期之后）

你可以把企业逐渐走向成熟的过程看成一个漏斗。很多有抱负的创业者最初都致力于创建下一个微软、脸书，然而绝大多数企业都会被慢慢淘汰。之所以大多数经历了种子阶段的创业公司坚持不到早期阶段，也许因为支撑公司存在的前提假设已不再成立，也可能对于潜在投资人（甚至是创始人自身）而言，成功的机会和潜在的回报已经太小，并不足以支撑他们继续冒险前进。

经过种子期筛选的创业公司，其估值更上一层楼，但在该阶段面临的风险和不确定性依然很高，不过已较之前有所降低，它们实现收益的可能性也随之升高。

早期阶段的融资规模一般在 50 万~500 万美元。风险投资机构也是在这一阶段开始从天使投资人手中接手项目的。对于创业公司而言，此时产品的研发已接近尾声，正集中精力进行市场测试和试生产，对产品的改进还在持续进行。公司的组织结构逐步完善，并着手在小范围内进行产品的小批量试销。

此时，产品的销量还远未达到盈亏平衡点。虽然部分企业只需要很小的销量即可实现盈利，但有限的利润并不是风险投资人所追求的，他们需要的是企业拥有与其持续投入的资金相匹配的增长潜力，这些资金将被用于持续进行的基金市场的测试，从而帮助论证确定获取利润最大化的方式。处于早期阶段的创业公司呈现连续亏损状态很正常，这种亏损并不会引起投资人的特别关注。此外，对于像医药研发这样的领域来说，在开始做市场营销以前，企业还必须做大量的临床试验并获得政府许可，因而此时，他们距离产品的正式销售还差十万八千里。

快速发展期

这个漏斗的筛选工作还在持续进行，进入快速发展期的公司又跨越了一个生死之门，尽管距离最终的成功仍有万里之遥，但至少让人看到了曙光。公司的市值也水涨船高。

在此阶段，虽然创业公司的产品已经开始在市场上占据一席之地，创业公司也开始赢利，但是它们仍要筹集大量资金以满足快速发展的需求，销售规模扩大带来的应收款、存货及产能的扩张都需要现金支持；或者说，企业因在为长期发展做投入而处于亏损状态。此时，企业所处的经营状态决定了目前还不能从传统贷款方（比如银行）处获得资金。

快速发展期的企业融资量继续增长，通常在500万~2 500万美元。一些风险投资机构主要投资于这一阶段或更成熟阶段的创业公司。融资规模越大，资金来自机构投资者的可能性就越大，个人投资者参与处于这一阶段的企业的投资机会就越小。

主要为个人投资者服务的投资机构也会参与这一阶段的投资，但有时也只是为了支持他们以前投资的且至今仍被看好的公司，当然如果他们之前投资的企业已不再具有吸引力，这些机构的重点工作就变成最大限度地回笼现金（虽然可能性接近于零）、及时止损，并尽快寻找新项目。

晚期阶段

在此阶段，创业公司保持现有市场规模并进一步增长的可能性更大，当然，能否取得最终的胜利尚有很大的不确定性。出于对高速增长和扩大市场占有率的追求，此时，公司的每次融资规模会非常大，有时高达数亿美元。

此时，创业公司的规模已经变得很大，甚至会很有名气，但股东们认为随着公司沿着正确的道路不断激发自身潜力并发挥实力，公司价值未来还会继续增长。想想优步、爱彼迎以及其他已经家喻户晓的创业公司，它们仍在为充分挖掘自身增长潜力而寻求进一步投资。

在晚期阶段，创业公司的估值已经达到相当高的水平，其彻底失败的风险已经非常小。参与这一阶段投资的机构局限于主流的机构投资者，只有它们才有能力满足创业公司如此巨额的资金需求。

过去，创业公司在晚期阶段的融资基本上已经离开风险投资的范畴，开始启动IPO。然而，最近，考虑到公司上市后作为公众公司需要履行的信息披露义务——企业每季度都要将经营和收益情况公之于众，一些高成长性的企业及它们的风险投资人选择继续以私营企业的方式经营，从而将需要承担的压力最小化，将精力放在如何使长期收益最大化上。当然也有一些独角兽公司仅仅是担心自己上市后，市场估值会大幅下降，从而无法对那些在快速发展期和晚期阶段才进入的投资者做出交代。

为什么需要关注投资机构所聚焦的投资阶段

你为什么需要关注一家创业公司所处的发展阶段？你可能想要投资种子期或早期阶段的创业公司，因为这时参与其中的投资者很少，你可以对公司施加很强的影响力，可以参与决定公司的发展方向；或许你被这些创业公司的使命鼓舞，不仅想通过投资获得个人财富，而且想要为全人类做出贡献；或许因为某种特定的疾病，你痛失挚爱，所以只要有一线希望，你都会将财富全部投入针对此疾病的治疗方法的研发中；抑或你心中一直有一个创建能改变世界的伟大公司的梦想，为此投资也是实现这一梦想的手段。

从财务的角度出发，不同阶段的投资带来不同程度的风险和与之相适应的潜在收益。很简单，越早投资，估值就越低，潜在收益就越高，当然风险也越大（见图 4–1）。

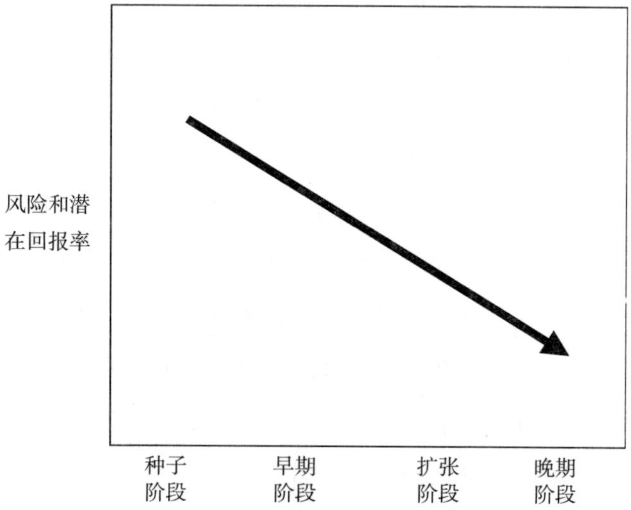

图 4–1 阶段性风险和收益权衡

管理早期阶段投资风险的方法其实有很多，其中之一就是在项目遴选上采用更加严格的筛选标准以及审查程序；另一种可行的方法就是在自己的资产组合中做多元化配置——投资数量更多的种子期和早期阶段的创业公司来对冲风险，因为总有一些项目的收益会弥补损失。在本书后面的篇章中，我们会阐述更多关于如何管理多元化投资的理念。

莱恩管理的投资机构在投资策略上集中于早期阶段的创业公司，几乎不做种子期项目的投资。尽管这个决策会让我们与最赚钱的机会无缘，但也会让我们在投资前对被投资的企业有更细致的观察和深入的了解。我们会更清晰地评估一家创业公司的潜力和成功机会，使投资成功的概率变大。

我们认为，自己最核心的竞争力之一是极为严苛的项目筛选标准和尽职调查流程，而通常在种子期的企业并不需要做很多类似的分析。当然，有时我们也会参与快速成长期及以后阶段的项目投资，一般是因为我们已经持股并坚定地看好它们，或者为了满足我们的投资人对更高持股比例的要求。随着企业不断成熟，它们的估值一直上涨，此时追加投资，会使投资人的预期回报率随之下降。

基于投资机构聚焦的行业进行选择

另一个选择维度是根据风险投资机构所专注投资的行业做区分。有些投资机构会将投资范围限定在一些特定的行业中，甚至是在确定的一两个行业中选择投资标的。投资机构聚焦的往往都是蕴藏了众多颠覆式创新机会的领域，比如信息技术、通信、移动应用、大数据、生物科技等新兴行业。

很多投资人也会根据行业标准来选择投资机构。这也许因为投资人对特定的某行业前景抱有十足的信心，因而想要将自己配置于风险资本的资金全部投入这个行业；或者这位投资人对某行业十分了解，他有兴趣也有能力在这个行业中挑选合适的标的；或者受个人使命的驱使，他一定要投资这个行业，例如，一位投资人的至亲因罹患癌症离世，他受此影响很可能将资金投入生物医药基金中，全力推动致力于研究癌症疗法的项目。

无论具体行业是什么，大多数风险投资机构倾向聚焦于高科技含量的行业。当然并非全部如此，相当多的风险投资机构也侧重于消费品的生产、服务及零售行业等。

汤姆 · 斯坦堡是莱恩在哈佛商学院的同班同学，他因创立了史泰博这家全球办公用品连锁零售公司而闻名。在他生前最后几年的时光里，他创办了一家专注于消费品、服务及零售领域投资的风险投资机构，他投资的创业公司中不乏模式创新之辈，但绝大多数其实与高科技无关。你如果是一位消费品行业的大咖，也许就会选择把钱交给这样的机构，充分利用自己的知识和经验，发挥所长。

由于莱恩在之前的公司从事过高科技和自然科学领域的投资，所以我们现在的VCapital也继续聚焦在这两个方向，具体包括移动数字产品及服务、云计算与大数据、传媒与电信、生物技术、医疗设备、生物医药等领域，这些领域里蕴藏了能够产生技术变革的巨大潜力，有可能催生出规模庞大的市场，创造非凡的商业机会。

这些领域是我们团队熟知和精通的，也与莱恩以前操盘的基金在投资方向上一致，莱恩之前那只基金曾投资众多科技型企业并助力它们成功，如AOL、纳米相技术公司、CyberSource以及Cleversafe等。对于年轻读者来说，AOL是将互联网带入家庭的先驱。我们之前提到的Cleversafe是在上述名单中唯一一家不是通过IPO退出的项目，Cleversafe于2015年年底被IBM以超过10亿美元的对价收购。AOL和CyberSource同样成长为估值超过10亿美元的公司，在巅峰时期，AOL的估值甚至达到了约3 640亿美元。

在挑选风险投资机构时，一定要记住，风险投资不是一件依靠“单枪匹马”就能够完成的事情。在我们VCapital团队里有很多经验丰富的行业专家，他们会指导我们在目标行业评估并筛选出好的标的公司。

基于标的地域选择创业公司

一些风险投资机构会将它们对投资标的的选择限制在一定的地域范围内，其实这一点儿都不奇怪。风险投资是一件人力高度密集的事情，一名投资人往往需要接触上百家创业公司，并在严格审查后才能找到一两家可投资的公司，审查这些项目还需要与创业公司的运营和管理团队做细致的沟通，并对其进行调查，很多时候，除了现场调查以外别无他法。在地域上选择邻近的区域使得尽职调查工作变得更加简单和富有效率。

同理，当投资机构完成投资后，还会与被投资企业的管理团队保持密切联系，他们需要随时了解企业的经营情况，并为企业提供咨询和帮助，在特定情况下，甚至要出手干预经营管理以保证自己的投资不受损失。在地域上邻近更便于他们沟通和管理。

很多机构将投资地域聚焦在科技创新的孵化中心，位于旧金山和圣何塞城区的硅谷便是其中的佼佼者。其他的孵化中心还包括环波士顿 128 公路区、奥斯汀及得克萨斯州的都市区等，这些地方往往受益于一个鼓励和扶持创业公司的专业孵化机构。但这种过度集中会使投资人感觉无从下手，太多的资金正寻找区域里数量有限的创业公司，导致这些区域的创业公司估值早已超出了很多投资人的心理价位。

在莱恩职业生涯中的大部分时期，包括现在，他都将投资地域限制在以芝加哥为中心的美国中西部地区，远离硅谷这样的炙手可热的地方。我们当然不会放弃包括硅谷在内的其他地区的好机会，但我们相信中西部仍隐藏着巨大的金矿，有待人们挖掘。

中西部地区驻扎的优秀高校和丰富多样的产业，为风险投资行业提供了一流的智力资本，使得优秀创业公司的出现成为可能；同时，中西部地区并没有得到风险投资机构的过多关注，这意味着投资人在这一区域面临相对宽松的竞争环境，可以凭借更低的价格获得创业公司的股权，为取得高额回报创造了基本条件。此外，密集和多样化的产业环境意味着投资机构可以通过产业并购的形式自由退出而不需要苦苦等待被投资企业上市。这样，投资回收期得以缩短，退出收益也更加有保障。这一过程可以参见图 4–2。

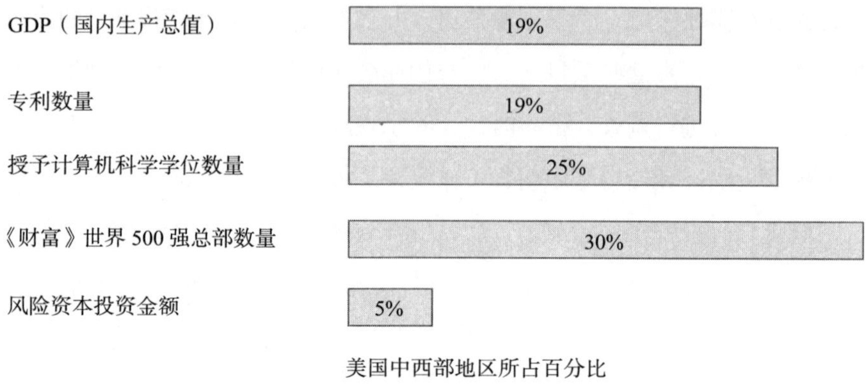

图 4–2　为什么是美国中西部?

数据来源:《福布斯》; DriveCapital.com

莱恩团队的历史业绩证明了聚焦中西部策略的正确性。大部分实现“本垒打”的投资都是位于美国中西部地区的创业公司，我们最近的本垒打——Cleversafe，就是位于VCapital所在地芝加哥的创业公司，其他如纳米相科技公司、ISCO国际等是设在伊利诺伊州的创业公司。

芝加哥市区是中西部顶级学府毕业生及创业者的首选目的地。最近，风险投资行业在这座美国第三大城市里取得了振奋人心的战绩——2015年芝加哥创业融资金额总计 7 亿美元，有 40 家创业公司的投资人实现了退出，并获得 82 亿美元的收益。实际上，根据PitchBook（一家位于西雅图的数据研究和分析服务公司）的数据，过去十年的时间，在投资人全部实现退出的项目中，总部位于芝加哥且融资额超过 50 万美元的项目中，有 45%实现了 10 倍以上的收益，这一比例比美国其他任何城市都要高；81%的项目为投资人创造了 3 倍以上的收益，这一数据同样位于美国前列。

新兴的在线股权众筹

你也许听说过刚兴起的众多在线股权众筹平台，如FundersClub、CircleUp、Seed-Investment或AngelList等，你也许对它们到底是否值得信任而好奇。这些众筹平台的最低投资金额被设置得非常低，通常只有3 000~5 000美元，有的甚至低于1 000美元。因此，对于投资新手们来说，股权众筹看起来像一个非常理想的参与高风险投资的途径。

然而，我们必须要十分谨慎。这些众筹平台的管理团队似乎都只有信息技术背景，而非专业风险投资行业出身，他们的投资理念和业绩表现尚待时间检验。大多数风险投资基金的退出期都在5~10年，现在来评估这些新兴众筹平台的业绩表现为时尚早。

我们不会诋毁竞争对手，风险投资机构之间是在同一个生态系统中共生的，大家会经常互通有无、各尽所能，以满足投资人和创业者的不同需求。但这些众筹平台把过多的资源用于募资和搭建网站平台上，它们似乎更偏好互联网的名头，而并不想在专业投资这件事情上下功夫。

众筹平台上数量众多的投资组合证实了我们的顾虑。它们通常提供几十个甚至上百个项目，搞得风险投资像跳蚤市场一样。当然它们也会在一定程度上做筛选和尽职调查，但我们无法想象它们到底根据怎样的标准，使其能在由传统风险投资人筛掉的公司里挑选出如此多的投资标的。

必须承认的是，作为一家经验丰富且专业资深的风险投资机构，我们对众筹平台的评价未必公允。现在抛开成见，我们看读者最需要的是什么——是能使投资人预期未来收益最大化的专业投资管理能力，别忘了，高收益才是最初吸引你投资的原因。

再强调一次，现在来判断众筹平台是否符合标准还为时尚早。我们大胆地猜测，如此大规模的投资组合能取得的最好结果也仅是接近行业平均水平的回报；我们再大胆一点儿猜想，这些平台根本无法达到行业平均水平，因为我们实在想不通，它们到底能用什么法宝跑赢这个领域里众多专业且审慎的投资机构。

诚然，我们的VCapital也有自己的在线投资入口，但这与众筹网站完全不同。我们的技术平台是相当简单和直接的，配置于募资行为的资源也很少。我们之所以要开通线上投资入口，是因为如今的个人投资者希望享受线上投资带来的随时访问的便利性和透明度。

我们设置了2.5万美元的最低投资额度，意味着我们不需要像众筹平台一样吸引大量投资人，因而不需要投入大量的资源在技术开发和募资活动上。我们的目标客户是投资和鉴别能力更强的合格个人投资者，所以我们有限的资源可以被投入专业的投资管理和投资后的管理活动中，保证投资人对收益的诉求更有可能被实现。

要讲清楚的是，我们并非唯一的专业投资机构，类似的专业投资机构还有很多，它们才是我们推荐读者应该去寻找的机构。

选择风险投资机构的其他渠道

除了自己动手以外，寻找合适风险投资机构的另一个可靠方法就是听从相关行业专家的推荐，以下列举了部分专家资源：

- 律师，尤其是参与融资交易的律师；
- 会计师，尤其是投资机构聘请的会计师或者与初创期及早期阶段的创业公司有业务关系的会计师；
- 曾经被投资过，或曾寻求过，或考虑寻求风险资本融资的企业家。

不管这些专家曾是哪种利益相关方——比如一名律师可能为风险投资机构服务，也可能为寻求融资的企业服务——在如何选择适合你投资需求、个人偏好及个人特点的投资机构这件事情上，他们掌握的信息足以给你提供一些有用的建议。

审查备选机构

经过一番努力，你已经将备选机构的名单缩小到了短短几行。记住，你是要将自己辛苦打拼来的真金白银投入其中的一家机构，所以如何进行评估和选择是相当重要的一个问题。

我们建议你首先登录这些机构的网站，认真分析你看到的信息，你会得到这些机构有关愿景、使命以及投资方式等基本信息。这让你产生一个初步印象；你还会进一步了解到它们聚焦于哪些行业，很可能也会看到这些机构现有的投资组合及业绩表现。

网站上还应该有这些机构管理团队的介绍。它们的团队是否进行营销？或者IT（信息技术）人员是否占了多数？如果是，那一定得敲响你的警钟，这类机构很可能过于重视募资，而没有把宝贵的精力放在如何做好投资这件事上。此外，还要关注是否有足够的内外部投资及行业专家，为其提供诸如投资标的遴选和其他咨询服务。

网页上还可能展示机构团队成员的照片，从中也可以分析关键人物的特点。团队的成员看起来是否太年轻？太年轻意味着团队可能很懂信息技术，但缺乏投资和管理经验。或者你能否从照片中感受到他们从事商业和投资所需要的丰富阅历？照片的构图和人物着装也能透露出有关团队性格特征的信息。除此以外，他们是否在通过一些特定的照片传达自己的投资理念？

这些机构的网站上通常还附有一部分资源链接，比如博客文章、播客或其他文章链接等。这些信息会告诉你，对于团队成员而言，什么是比较重要的。他们是否重视投资者的教育经历？（这一点对于新手投资者而言很重要）或者他们会对未来市场趋势发表自己的看法并抢占投资先机吗？（如果是，那么这是一个好迹象。）

遗憾的是，在一些机构的网站上你找不到任何与其业绩表现相关的明确信息，它们可能会展示其成功退出的案例，比如找公司网的确详细地罗列了具体的投资项目及金额，甚至披露了自己从 2003 年以来的退出规模。

但要想找到你真正关心的数字非常困难，比如一家机构实际已经实现（非账面）的平均年化收益率或在一定时间范围内的内部收益率（按真实退出后实现的收益为统计口径）。你可能会看到它们投资组合的估值在以令人吃惊的速度增长，但切记这些所谓的估值在成功退出并拿到现金前，并没有意义。

由于风险投资的期限很长，预测现有基金的到期收益率显然很困难，也没有指导意义。除了“已实现收益率”外，关注之前该机构管理的已到期基金的收益率，也是一个很好的选择。尽管你会从各类金融服务机构那里听到“过去的成绩并非未来的保障”之类的言论，但你必须清楚，在投资这个行业里，历史业绩可能是预测未来的最好指标。

这些核心数据有时是很难获得的。为了公平起见，有些机构担心披露这些核心数据会承担法律责任或面临监管风险，一旦其他人对此类数据有质疑，比如不认可数据的计算方式等，这些机构就可能会官司缠身。

在推介我们的新公司 VCapital 时，我们也遇到了同样的挑战和质疑，尽管如此，我们还是决定将历史业绩公之于众，因为这个数据实在太重要了，是不能被遗漏和忽略的。为了避免猜疑，我们公开了每一笔历史投资的投入和收益，既包括盈利的投资，也包括失败的投资，以尽可能地保证数据是准确可信的。

以项目数量计算，风险投资行业的投资失败率通常高达 80%~85%，这也是为什么很多机构不愿意像我们这样披露细节。所以你可能需要与备选机构单独沟通，想尽办法取得这些核心数据，机构也许会将这些不公开的详细记录与你分享。

如果你这样做了，千万别被数字游戏欺骗，在尚未退出项目之前，任何估值都不能算数。有一部分激进的同人可能会用账面估值代替已实现收益，例如，投资优步的早期投资人，可能会以优步最近一次高达 660 亿美元的融资估值作为业绩核算的标准。但直到能实现真正退出的那一刻，或者参与投资的机构已经出售其持有的股票，所谓的 660 亿美元估值不过是账面好看罢了。这一估值受很多因素的影响且随时可能崩塌，比如优步不得不从中国市场退出，而越来越多的国家的政府要求优步停止运营或放松对现有出租车牌照的限制，比如这一情况正在伦敦上演；再比如政府在优步和司机的交易关系上设置更多法律限制，从而改变优步的盈利模式。所以一定要搞清楚它们展现给你的数据所包含的真实含义和统计口径。

第五章 风险投资准则与巴菲特投资原则

如前所述，从长期来看，风险投资行业的整体回报率平均超过 12%。汤森路透风险投资研究指数表明，从近期来看，在过去大约 20 年时间里，行业的整体回报率平稳地达到了 19.7%。因为此前没有类似的科学指数，所以上述 12% 的长期回报率也仅仅是一个粗略估计，而非正式准确的数据。

同样，我们也提到在 2000 年 1 月至 2017 年 1 月，标准普尔 500 指数的长期年化收益率不足 5%。为了尽可能公平地比较风险投资和传统股票投资的收益率，我们找到了从 20 世纪 80 年代至 90 年代，一个长达 30 年的牛市行情时间段，其间，标准普尔 500 指数的年化收益率为 9.9%。

显而易见，风险投资的回报率依然高于标准普尔指数，你可能将这一结果归因于风险投资有更高的内生风险。其实，标准普尔 500 指数 9.9% 的年化收益率可能已经是非常高的收益率了，那么为什么不能长期坚持持有标准普尔 500 指数的成分股，停止去追求超额收益？

如果你能坚持这种做法和策略，那么无疑非常棒，你进入市场和撤回投资的时机不会影响你的收益率，极有可能获得 9.9% 的平均收益率。然而，现实是骨感的，大部分投资者还是坚持追求超额收益，不断地选择自认为合理的时机反复地买入和卖出股票，但他们经常买高卖低，遭受投资利润和交易费用的双重损失。

让我们来做另一个假设，你确实要比普通的个人投资者聪明，不是那种受制于羊群效应的人。我们更进一步假设，你愿意花时间阅读本书，也愿意花精力多方面地学习和理解这个市场。顺其自然，我们假设你知道在投资专业领域有一个公认的标杆沃伦·巴菲特，而且你严格地按照巴菲特的投资原则来做投资。

我们和你一样对巴菲特充满敬意，因为在过去50多年的时间里，他为自己的投资人获得了超过20%的年化收益回报。而我们之前提到，莱恩团队的风险投资业务在过去30年实现了28%的年化收益回报，可是我们从来没有声称自己和巴菲特一样聪明。

所以让我们来看一下巴菲特投资原则，然后将莱恩团队做风险投资的方法与这些原则比较，你会发现它们之间是如此惊人地相似，所以莱恩能够击败这位“奥马哈先知”（沃伦·巴菲特）。其原因并非在于谁更聪明或者掌握了更高明的方法，而在于风险投资和传统股票市场投资在本质上大不相同。下面，让我们逐一分析和比较。

巴菲特投资原则

这部分关于巴菲特投资原则的总结来自不同渠道的信息，包括最为人熟知的由艾丽斯·施罗德所著的《滚雪球：巴菲特和他的财富人生》（这本书也许是迄今为止巴菲特最全面的一本传记）、《商业内幕》，甚至还包括《退休人杂志》（很多50岁以上的读者会对金融方面的深度报道非常感兴趣）等。虽然这些原则是一个概括性的描述，具体含义与其来源的原文并不完全一致，但是我们认为巴菲特的核心观点被如实保留，在此用于比较分析是没有问题的。

第一，在价格合理时买入，不要付出超过其价值的对价。

巴菲特始终在寻找内在价值超过其价格的投资标的。正如他和他重要的长期合伙人查理·芒格反复指出的那样：价格和价值并不是相同的。“价格是你付出的，价值却是你得到的。”（摘自《巴菲特致股东的信》，2008年。）

巴菲特同样警告投资者不要被所谓的“灰姑娘幻觉”愚弄，有些预期回报率看似很高的项目可能仅仅因为市场给予其非理性的高估值。“对那些估值高于未来预计现金流的‘灰姑娘’公司，要持续保持怀疑，因为总有一个时刻，由南瓜变身的马车和由老鼠变身的车夫都将被打回原形。”（摘自《巴菲特致股东的信》，2000年。）

巴菲特早年获利的主要原因在于他具有发掘一个公司内在价值的独到能力，内在价值有时可能仅仅表现为一家公司的现金和其他流动资产的价值。随着巴菲特财富的增长，他对内在价值的判断标准也越来越倚重目标公司未来产生现金流的能力，对于类似保险和铁路那些投资者看起来比较乏味的行业来说，这个标准尤为重要。

第二，投资有敏锐的领导团队的公司。

巴菲特一直把对目标企业主要领导团队的评估放在核心位置，他们对自身业务模式的理解，对风险的管理和控制是非常重要的因素。巴菲特认为，要将资金投入自己熟知行业中的那些具有优势地位的公司里，这类公司的管理层，必须有能力将公司业务产生的现金流以良好的预期收益率进行再投资（摘自《商业内幕》）。

第三，投资你了解的生意。

有些人（至少巴菲特）甚至将这个原则表述为“拥抱无聊”（摘自《退休人杂志》）。巴菲特认为投资自己不了解的生意本身就是一种风险，他曾公开承认自己对高科技领域缺乏了解，这也是他曾一度回避投资该领域公司的原因。但如今，巴菲特年轻的助手们已经开始将伯克希尔·哈撒韦公司的资金投入高科技领域。

第四，投资有远大前景的公司，购入并持有。

巴菲特寻找的是在过去至少十年间赢利稳定且保持上升趋势的公司，同时他建议将30年的维度作为预测未来的窗口。因此，自20世纪90年代后，巴菲特自称对互联网等新技术缺乏了解，因此在他认为有可能受到互联网技术冲击的行业和公司上，没有投资过一分钱。

第五，不要回避对“变革性创新”的投资，你需要做的是确保自己足够了解它们。

根据彭博的数据，巴菲特在太阳能和风能领域投资了150亿美元。可能由于缺乏对高科技行业的足够了解（至少在以前），巴菲特没有投资相关股票，但是在他了解并感兴趣的行业以及在行业里有过硬管理能力的公司身上，他很愿意投入并致力于长期愿景的实现。

这就是伯克希尔·哈撒韦公司在2008年投资通用电气背后的思考逻辑，在向投资者解释为什么要做出这个决策时，巴菲特表达了自己对通用电气在可再生能源行业里，尤其是风能和汽轮机领域的管理能力及品牌价值的充分肯定和十足信心。这些行业和业务模式的共同特点是初期需要投入大量资本，而随后在未来很多年内能保持可预测的经营现金流，这恰恰是巴菲特所了解和擅长的领域。

第六，寻找拥有顶尖品牌和有定价能力的公司。

巴菲特明白，品牌要比“单纯卖货”更有价值。“以合理的价格买入一家优秀的公司远胜于以优惠价格买入一家普通的公司。”（摘自《巴菲特致股东的信》，1987。）巴菲特购买美国运通、可口可乐、箭牌这三家知名公司股票的原因，就在于这些品牌蕴藏着巨大的力量。

第七，永远保持流动性，并有获取低成本资金的渠道，以备抓住随时可能出现的投资机会。

这就是巴菲特早年大手笔投资保险公司和银行的原因。这些金融机构能提供稳定且成本较低的现金来源，因此，当好机会出现时，巴菲特可以随时出手而无须通过他最讨厌的负债方式增加杠杆。他承诺“要让伯克希尔·哈撒韦一直保持资金充沛的运营状态，当不得不进行取舍时，我不会为了额外的收益而放弃哪怕一晚上的睡眠”（摘自《巴菲特致股东的信》，2008）。巴菲特从不分红的原则与他对现金流的高度重视有关。

第八，精挑细选，你并不需要抓住每一次机会。

“股票市场是一场永不停歇的比赛，你不需要持续挥拳，只需要耐心等待你出手的时机。”（摘自《沃伦·巴菲特之道》，载《商业内幕》。）

第九，无论环境如何变化，都要坚守上述准则。

最好的出手时机往往出现在市场恐慌情绪最浓之际。“恐惧是投机者的敌人，却是价值投资者的朋友。”（摘自《巴菲特致股东的信》，1994。）

第十，最大限度地避免犯错，从已犯的错误中吸取教训。

早期，在尚未掌管如此巨额财富的时候，巴菲特对风险承担更保守，更关注如何避免或最大限度地减少损失，他要确保即使在做了错误投资的情况下，依然能以合理的价格将所持有的股票售出。当时他奉行两个准则：第一，永远不要亏钱；第二，别忘了第一条。

莱恩的风险投资准则与巴菲特投资原则的相似性

也许你在困惑，为什么莱恩团队多年来遵循的投资准则会与巴菲特投资原则如此相似？这位奥马哈先知购买的都是保险、铁路、汽水、口香糖公司，而莱恩团队追逐的主要是数字技术、生物医药等巴菲特回避多年的领域。下面让我们逐一回顾这些原则，并一一比较。

第一，以低价购买，不要超额支付。

对类似AOL这种本垒打项目，初始投资价格似乎并不重要，然而世界上没有那么多“AOL”。就数量而言，几倍收益的项目比本垒打项目更多，但对这类盈利项目，初始投资价格则显得非常重要。况且绝大多数所谓高回报的项目也很难与AOL的收益回报匹敌，因此，投资价格是影响最终收益的重要因素，更何况对于没赚钱的项目来说，投资价格越低，相当于蒙受的损失越小。

非常重要的是，莱恩团队一直回避对“灰姑娘”项目的投资，这类公司的估值已经被各路投资者捧到了不可能达到的价格红线之上，所谓独角兽公司就是最好的例子。天知道优步何时能保证足以匹配660亿美元估值的现金流，要想实现这一目标，优步必须集天时、地利、人和于一身，不能犯任何一个错误，而我们认为这几乎不可能，此时投资优步太冒险。我们不能参与这场赌博，也不希望我们的投资人认为自己买了“南瓜和老鼠”，继续为灰姑娘的假象推波助澜。

第二，投资有敏锐的领导团队的公司。

在这一点上，我们完全赞同巴菲特的判断。莱恩团队将对被投资企业进行的管理层股权集中度、经营水平的评估放在很重要的位置上。我们投资的早期创业公司，仅仅具有前景和掌握技术壁垒是远远不够的，还必须具备一定的经营能力、自律、执行力以及财务管理能力，要知道，好骑手和优秀赛马是同样重要的！

第三，投资你了解的生意。

我们和巴菲特达成了高度一致。多年来，莱恩团队始终聚焦于高科技和自然科学领域的投资，包括数码产品和服务、云计算、大数据、媒体和电信以及生物医疗和药物研发等，之所以专注于这些领域，是因为我们足够了解它们。不可否认，这些领域本身就有足够多的机会孕育出企业巨头，该领域的创业公司利用颠覆性创新来开创全新的巨大市场和商业机会，但对行业的了解和能够更科学合理地评估创业公司价值的能力也同样重要，莱恩团队中包含了在各领域内有丰富经验的专业人士。

第四，投资有远大前景的公司，购入股权并持有。

这是风险投资的核心点。我们不会寻找短期的交易机会，也不会在意因估值变化而导致的排位变化，我们可能不像巴菲特那样在20~30年的时间维度中做投资，而是在合理的预期退出窗口期内做投资，这个时间窗口期以公司能上市或被并购为终点，通常为5~10年，有的会长一些，有的则短一些。

第五，不要回避对变革性创新项目的投资，你需要做的是确保自己足够了解它们。

这也是风险投资中必须恪守的准则之一。我们一直非常积极地推进对具有变革性创新项目进行投资。我们非常赞同贝宝和帕兰提尔的联合创始人彼得·蒂尔的策略——只投资于具有本垒打潜力的方案和公司。

蒂尔的这个观点实质上是关于一个问题的态度：你怎么看待“几乎没有人认可你的方案”？我们与他的一致之处在于，如果先于他人看到了机会，你就应该立即开办一家公司，并在其他人还未觉察之前占据市场垄断地位，这才是所谓变革性创新投资的含义所在。这个变革性创新投资对于巴菲特来说，就是对他极具吸引力的太阳能和风能领域，而对于莱恩团队来说，它就是纳米技术、颠覆性创新的数据存储技术以及癌症新疗法。

第六，寻找拥有顶尖品牌和有定价能力的公司。

这条规则其实不太容易与巴菲特进行对比并做出解释，我们不能像巴菲特那样投资具有知名品牌效应的公司，比如可口可乐、箭牌、美国运通、《华盛顿邮报》、通用电气等，但我们也践行类似的原则。我们看中的投资标的所拥有的产品或技术往往具有市场先发优势，并以此树立行业领导地位，而且在一定程度上享有定价权，有能力产生更高的毛利润和更多盈利。

第七，永远保持流动性，并有获取低成本资金的渠道，以备抓住随时可能出现的投资机会。

与巴菲特一样，我们一直坚持保证一定程度流动性的原则，要么是有足额的现金在手，要么可以随时从投资者手中筹集足够多的现金，以保证在投资机会出现时可以及时出手。此外，我们也从不通过负债的方式保持流动性。

但要补充说明的是，其实我们想要保证流动性和灵活性的难度要比巴菲特高很多。仍处于风险投资阶段的创业公司几乎不支付股利，而且巴菲特通过运营自有公司，尤其是保险公司而产生现金流，这是我们没有的渠道。此外，风险投资的运作模式也与二级市场投资不尽相同，在某事先约定的时点，风险投资基金会停止募资以及投资新项目，此后基金管理人的工作就是将被投资的项目变现，使得在基金到期时，能够将变现的资金全部分配给投资人，并希望最终的收益能够是投资人初始投资的数倍。

第八，精挑细选，你并不需要抓住每一次机会。

我们又一次与巴菲特站在了一起，我们面前有众多待融资的创业公司，通常我们会在100个备选项目中精挑细选出一个。莱恩管理的基金在过去30多年里保持了如此杰出的业绩，其法宝之一就是秉持极为严苛的项目筛选标准和尽职调查流程，他的团队不会跟进太多项目，只会在那些有本垒打潜力的项目上下功夫。

我们团队的哲学一直是，如果错过了一个好项目，那么“这就是生活”。我们并不害怕错过，相反要保证尽量少出错,从而降低由此导致的损失。当然，与其他投资机构一样，我们也会有很多亏损项目，但幸运的是，我们亏损项目的数量占比约为63%，远低于80%~85%的行业平均水平。

第九，无论环境如何变化，都要坚守上述原则。

在这一点上，我们继续与巴菲特的步伐保持一致，不会让宏观环境的变化影响自己的策略。与巴菲特一样，我们做的是长期投资而不是赚市场波动的钱。当然我们也会遵循“低买高卖”的原则，但是我们投资的创业公司尚处于早期阶段，公司估值基本不受宏观市场的影响，更何况在实现退出以前，我们一般要持有一家公司的股权长达 5~10 年，我们不可能预测 5~10 年以后的市场情况。

当我们可以退出投资组合里的某公司时，该公司首次公开发行的价格当然会受到近期股票市场表现或可比公司近期退出价格或其他因素影响。这可能在一定程度上造成投资人推迟退出计划以期市场好转后能得到更好的回报，不过即使在环境不好的情况下，首次公开发行的价格也会是初始价格的很多倍，投资人完全可以满意。

更何况我们的策略倾向于投资中西部地区的创业公司，它们更可能被大型商业集团收购，这样，整个投资组合的收益受短期市场震荡因素的影响就更小了。这是因为通过并购产生的估值往往是基于被并购企业未来长期的商业价值确定的，很少受到当前股票市场状态的影响。

第十，最大限度地避免犯错，从已犯的错误中吸取教训。

这是我们与奥马哈先知完全一致的原则。我们之前提及项目筛选的严格标准以及尽职调查的重要性，在错失赚钱项目和选了过多赔钱项目这两件事情上，我们宁愿选择前者。在风险投资中将犯错误概率最小化的关键在于，一定要避免FOMO（害怕失去机会，Fear of missing out）的心态，从已犯下的错误中吸取教训也很有必要。正如在传统股权投资领域及其他任何专业领域一样，经验在风险投资中至关重要。

当你需要做手术时，你会选择一个至少做了几十次或上百次同样手术的专业医生，真实的数据也验证了这一准则的有效性。数据显示，专注于特定手术的医生确实比全科医生（既做过某种特定类型的手术又做其他类型手术的医生）在做该类特定手术时的成功率更高，并且术后并发症的情况也少很多。这是我们只专注于风险投资，而不涉足其他任何投资类型的原因。

不幸的是，风险投资的经验有时是通过大量失败的投资和亏损的经历积累起来的，在失败率高达 80%~85% 的行业里，这并不稀奇。据估计，要培养一名成功的风险投资人平均要花费 1 500 万美元。正如伯克希尔 · 哈撒韦公司心满意足的股东们，将自己的财富归功于沃伦 · 巴菲特超过 60 年的投资经验一样，你需要与缺乏经验的机构保持距离，可以通过将钱委托给经验丰富的专业投资人来增加投资成功率。

为什么风险投资能在收益率上击败沃伦 · 巴菲特

此时，你可能会问，如果风险投资的成功准则与巴菲特投资原则如此相似，那么有何理由能让我们确信那些有效践行上述原则的机构可以在业绩表现上赶超巴菲特？答案其实就藏在风险投资的本质属性中。

其中一个简单的原因是，风险投资本身就是一个高风险、高收益的生意。业内的优秀投资人普遍可以获得足以抵消全部内生风险的收益率。

在过去 30 多年的时间里，莱恩团队做出的投资决策中亏损项目数量占比约为 63%，比行业平均水平（80%~85%）要低很多。然而，成功的项目带来的是 10 倍于初始投资额的收益，甚至收益可以达到 40 倍、50 倍。巴菲特在 60 多年的投资生涯中可谓战绩卓越，但投资于盖可保险（GEICO）、美国运通、联合太平洋铁路、诺服克南方铁路这样的成熟公司，以及可口可乐、箭牌、卡夫亨氏等消费品巨头公司，无法获得能与某些单个风险投资项目媲美的巨额回报。

巴菲特投资于成熟产业的目的在于追求可持续的稳定回报。他倾向于在目标股票或整个股票市场表现低迷时买入，并长期持有以最大化潜在收益和可靠性。他确实也会投资一些创新性强甚至引发变革性创新的领域，比如太阳能、风能等，但即使投资于这样的领域，他也只会选择类似通用电气这类成熟的公司，通过它们间接投资创新领域。

这与风险投资的聚焦方向是全然不同的。风险投资侧重于未上市的初创和早期阶段的创业公司，以及旨在通过资本进行新技术研发和开拓全球市场的企业。还记得我们在前一章里所描述的处于不同生命周期的企业风险和回报特点的表格吗？投资的风险回报水平与投资类型也存在类似的线性关系（见图 5–1）。

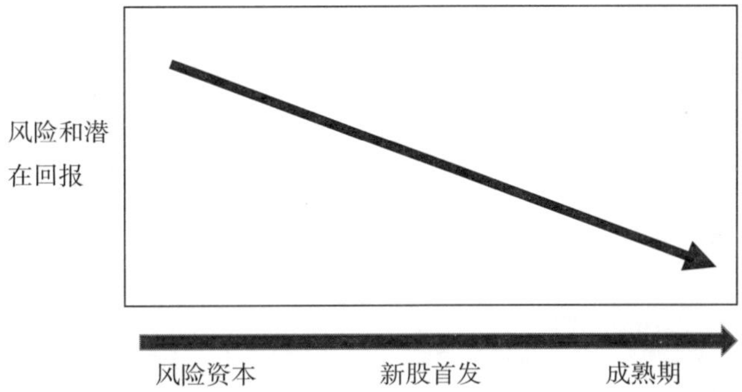

图 5–1 风险和收益权衡

这就是要义所在——经验丰富、善于谋略、谨慎操盘的风险投资机构，可以在收益率上击败那位奥马哈先知在过去半个多世纪创下的辉煌业绩的原因。

第六章　拒绝独角兽的诱惑：在早期进入

全世界的目光都在关注独角兽公司。独角兽公司是指那些在私募市场最近一次融资中估值超过 10 亿美元的非上市公司。风险投资行业刊物 *CB Insights* 的数据显示，截至 2016 年 10 月，全球共有 176 家独角兽公司，它们的总估值达到 6 280 亿美元，其中 99% 位于美国。估值高达 660 亿美元的优步独占鳌头，排名第二的独角兽公司是估值达 300 亿美元的爱彼迎，其总部也在美国。你如果是这些公司中任意一家的早期投资人，可真是赚大了！打开香槟庆祝吧！但如果你进入得比较晚，尤其是在最近一轮融资中才刚刚投入资金，那么这笔投资到底价值几何？

我们之前虽提过这个问题，但这是一件重要的事情，所以请允许我们在本书中反复提它——风险投资是一个高风险、高收益的生意。大多数投资项目是亏损的，通常还是全额亏损，行业的一般水平是 15%~20% 的投资项目会产生盈利。

我们团队坚持严格的筛选标准和审慎的尽职调查流程，在过去 33 年里，通过精挑细选，我们只投资了自己最钟爱的约 40 家公司，如此高度集中的投资带来了高达 37% 的成功率。我们投资的其中 4 家创业公司在退出时的估值超过 10 亿美元，为投资者带来了巨额回报。尽管如此，这仍意味着除了几个明星项目以外，我们投资的近 1/3 项目是亏损的，而其中又有约 50% 的项目是全部亏损的。

风险投资成功的关键在于一定要有本垒打项目，即能带来10倍、20倍、30倍甚至更高倍数收益的项目，这需要我们在那些有发展潜力的公司估值较低的早期阶段进入才有可能实现。

与其他投资人的普遍做法不同，莱恩在过去30多年的投资生涯里仅投资了为数不多的公司，取得了非常成功的业绩，但尽管如此，我们还是建议大多数个人投资者要选择足够数量的早期创业公司以便分散投资风险。当然，你可以通过投资我们的整个投资池来实现分散投资的目的，我们也理解投资人同时将钱分配给多家机构，尽管我们的内心深处还是认为，如果投资人能耐心等待投资我们新成立的基金，那么这将会是更好的选择。

要讲清楚的是，利用多元化分散风险绝不意味着要在风险投资领域采取那种“共同基金”式的投资方式，投资企业的数量切忌太多，这不是风险投资的赚钱逻辑。我们所说的分散化是指，选择五六家你很看好的具有潜力的公司。当然没有人能保证它们都不会失败，但我们相信机会是有的，并且经过这种严格审慎选择的投资，将在长时间内为你带来相当可观的回报。

独角兽公司的过高估值：有高风险却无对应的潜在高收益

让我们回到独角兽公司这个话题，许多独角兽公司已经取得了极具优势的市场地位，毫无疑问，它们将存活下来，甚至会长期繁荣发展。然而，即使对于那些已经在市场竞争中取得巨大优势的企业来说，当前的估值依然高得令人难以置信。我们认为，在很多项目上，后期的投资人实际上承担了与早期投资人相同的风险，但没有相同的潜在收益。也许我们的判断是错误的，但说真的，一个已经估值100亿美元的公司会成长为

200 亿美元，甚至 500 亿美元的公司的可能性有多大呢？

看看优步吧，它最近一轮融资估值高达 660 亿美元。根据彭博资讯，优步在 2016 年上半年的净收入为 20 亿美元，此处净收入的概念是指扣除付给司机服务费后的实际佣金收入，更重要的是，仅 2016 年上半年优步的 EBITDA（税息折旧及摊销前利润）就达到了 –12 亿美元，这个数字在 2015 年是 –20 亿美元。自成立至今短短 7 年的时间里，优步已经亏损了近 40 亿美元。

因为优步关停了中国业务，并以此为条件达成了与滴滴出行交叉持股的交易，所以巨额亏损会在一定程度上得到缓解。本次交易完成后，优步将持有滴滴出行 17.5% 的股权，优步也将获得来自滴滴出行的 10 亿美元投资。然而据报道，2016 年第二季度，优步在美国市场失去了领先地位。

尽管优步仍有很多市场尚待占领，因此想象空间仍在，并且迄今为止取得的战绩令人叹为观止，但这些成绩所指向的未来真的值 660 亿美元吗？要知道，若它代表的未来价值低于 660 亿美元，那么这意味着最近一轮融资的投资人将遭受损失。

爱彼迎这家估值达 300 亿美元的独角兽公司的情况又如何？根据《旧金山商业时报》披露的数据，2015 年爱彼迎的收入约为 9 亿美元，2016 年收入预计为 17 亿美元。据此，专家们估计爱彼迎尚未实现盈利。没错，它仍在高速增长，已经非常知名，而且已有很多活跃用户了。它还会继续保持如此高的增速或实现很高的利润，以配得上 300 亿美元的估值吗？爱彼迎当年的市值已与万豪酒店集团不相上下，也许它确实值这个价格，但你真的要投入真金白银下注参与这场赌局吗？即使能维持这个估值，未来它还有多少增长的空间呢？

那么，为美国联邦调查局（FBI）、美国中央情报局（CIA）及其他大型机构提供数据分析服务的帕兰提尔呢？来自美国全国广播公司财经频道

（CNBC）的数据显示，帕兰提尔 2015 年的收入约为 15 亿美元，其雇员已经坐满了硅谷的 24 栋楼，那么，帕兰提尔真的还会继续保持原来的增长速度，并达到 200 亿美元的估值规模吗？

你可以继续一家一家地看下去，但结论已经显而易见，99 家位于美国的独角兽公司真的值那么令人匪夷所思的价格吗？还是说，如此高的估值只是源自以下原因？众多机构的大量资金追逐极少数的爆发式增长机会；太多机构和因投资独角兽公司致富的早期投资人想要参与明星项目，从而可以四处炫耀；投资人仅仅是怕错过好项目。

公司估值 101 法则

这并不是一本枯燥的教科书，你如果想要投资风险资本，可能就要将很久前学到的学院派那套打包丢掉，当然我们也在刻意地回避那种学院派说教。但是对与估值相关的基础知识做简要回顾，对你判断独角兽公司的真实价值以及了解风险投资，进而形成自己的观点是大有裨益的。

金融专家通常把一家公司的价值定义为未来预期现金流的净现值。下面我们会给那些没有系统学习过金融知识的读者解释一下这个概念。

你如果打算买一家公司，首先就需要知道它合理的价格是多少。你要清楚这家公司在后续经营过程中会赚多少钱，这也是对你投资的回报。你当然想要赚得比你所付出的钱多，否则你为什么要买它？

因此，你需要充分了解公司的业务情况和这项商业计划，将会带来多少回报，即未来现金流的情况；你还要算清楚为筹资买下这家公司所花费的成本。比如，如果你借款，利息成本是多少？如果你使用手头的现金，你的机会成本是多少？（机会成本在这里的含义是，你如果选择投资于其他资产类型所能获得的最高收益。）

此外你也要考虑风险，做任何投资从来都不是无风险的，这就是所有公司要筹集资金（比如通过公开发行债券）所付出的利息都要高于政府发行的国库券的原因。毕竟一家公司不能正常经营而导致无法偿还本息的风险，比美国政府违约的风险要大得多。

现在考虑成本（现时成本或机会成本）及风险溢价，就会得到经济学家所称的折现率。比如，你认为合适的折现率为10%，那么今天投入1美元，在一年后你要得到1.1美元才能匹配你所承担的风险，如果你要等两年才能得到回报，那么你至少要回收1.21美元（1美元×1.1×1.1）才可以。

尽管你可能知道美国国库券的利率极低，长达几十年借款期的住房按揭贷款利率也仅有不到5%，但大型商业机构在做出购买工厂或小公司的决策时，它们通常会选择10%~20%的折现率进行考量，准确的折现率取决于不同的具体情况。

在风险投资领域应用公司估值101法则

让我们看看怎样解释在风险投资上应用这个法则。假设你投入25 000美元，并认识到这笔投资的流动性很差，可能需要5~7年的时间才能获得回报，那么假设你会在7年后得到投资收益，我们进一步假设你认为15%的年化收益率才让你愿意冒这个风险。为了能实现15%的年化收益率，7年后你要拿回66 500美元，它是原始投资额的2.66倍。不妨拿出计算器，亲自算一下吧！

假设你投入的25 000美元被投资机构分成5等份，分别投资了5家公司，结果其中4家的投资都颗粒无收，这意味着剩下5 000美元的投资必须带来66 500美元的回报，这可是初始投资金额的13.3倍，这个收益率在单笔投资里可以算得上相当成功了。这就是风险资本的赚钱逻辑，大多数项目注定是亏损的，但我们希望至少有一个项目能大赚一笔。

很多风险投资机构可能会告诉你，这种传统的估值方式不适用于风险投资领域，因为风险投资本身就充满了不确定性以及很多似乎无法准确计量的因素。他们认为，对目标企业的估值应更依赖对其未来发展潜力的主观判断，而所谓的判断依据往往来自创始人天花乱坠的承诺以及美好的希望。

个人投资者在对具体项目做分析时，教科书式的理论或许不适用于实际情况，这一论断没有错，但话说回来，在做投资决策时，你还要考虑未来预期收益、投资期限以及承担的风险等。事实上，你希望风险投资机构将你的钱进行分散化投资这件事情本身，就是在遵循教科书原则了。

在做风险投资时，你要考虑到高额回报的可能性，但也必须给予恰当折现以体现这笔投资的内生风险。当然，如果你投资了若干家创业公司，或通过投资一只基金的形式间接投资了多家公司，那么总体的内生风险会得到有效管理，并且有所降低。

将公司估值 101 法则应用于独角兽公司投资

我们再来假设一种情形，你决定放弃那些投资早期项目的基金，转向专注于投资独角兽公司的基金，那么，我们再进一步做相同假设，25 000 美元被分为 5 份，分别投入 5 家独角兽公司。由于这些独角兽公司已经处于较成熟的发展阶段，所以你预期能够在两年后获得回报，预期年化收益率也设定为 15%，这样，两年后你需要收回 33 062.5 美元，计算公式为：25 000 ×（1+15%）×（1+15%）=33 062.5。

进一步假设，在 5 家独角兽公司中有两家的估值下跌 25%，1 家独角兽公司不赔不赚，刚好保本，那么，剩下的两家独角兽公司就是你回报的全部，它们必须在两年里估值翻倍才有可能实现预期收益。你想去赌一把吗？反正我们不会。

在你开始批判我们“屁股决定脑袋”之前，请再次明确我们关于独角兽公司估值会下跌的论断绝不是危言耸听。根据网站Fortune.com上的信息，2016年，摩根士丹利根据最近一轮融资估值的数据对其持有的公司股权进行了减值计提，在其持仓最大的3家独角兽公司中，帕兰提尔下跌了32%，FlipKart（一家总部位于印度的创业公司，印度最大的电子商务零售商）下跌了27%，多宝箱（Dropbox）下跌了25%。其他很多机构也对这些声名显赫的独角兽公司进行了减值计提。富达投资对其持有的多宝箱、色拉布（Snapchat）、人力资源软件公司Zenefits等公司股权计提了减值准备。普信集团对自己持有的多宝箱公司股票计提了超过50%的减值准备。事实证明，独角兽公司的估值并不总是上涨的。

为什么很多独角兽的估值并不合理？

一些独角兽估值猛增的背后其实蕴藏着完美的假设——这些明星公司将永远顺风顺水，不会犯错。然而，完美情况几乎从不会出现。没错，在过去40年里，微软、谷歌、脸书三家巨头似乎一帆风顺，但除此以外还有其他哪家公司呢？即使像苹果这样的公司，在取得举世瞩目的成就前也曾濒临倒闭，挣扎求生。

在我们眼里，若要以660亿美元的估值投资优步，那么优步的EBITDA必须长期保持在30亿~50亿美元，而它目前的收入也才刚刚达到这个水平。现实情况是，它早就不是一个婴儿了，优步已经在全球很多地区布局并实现了高速增长，未来发展空间已然有限。我们判断无人驾驶汽车可能最终会提高优步的盈利水平，但是如果政府出台政策限制了优步的扩张计划，它该怎么办？如果在无人驾驶汽车普及前，优步的司机们就不能再以合同工的形式工作，随之改变了优步赖以生存的商业模式，它怎么办？如果市政当局解决了传统出租车与优步公平竞争环境的问题，它怎么办？这些风险是真实存在的，我们不会用660亿美元这个价格去赌这笔投资能赢利，更别说这笔投资还得取得高额的回报才能匹配如此高的内生风险了。

那么，爱彼迎300亿美元的估值如何？还是那句话，它已经不是婴儿了，2016年其收入预计不超过20亿美元，而且未实现盈利，并且商业模式本身也存在致命风险。例如，2016年10月21日，纽约市长安德鲁·库默签署了法案，房主不能在爱彼迎发布租赁时间少于30天的整套公寓出租广告，房主如果发布违规广告，将被处以最高达7 500美元的罚款。如果我们中的任何一个人生活在纽约，那么无论我们多么想利用房屋的空闲时段赚钱，新要求都将使这一想法落空，爱彼迎上的纽约市的大多数房主一年的房屋出租收入还不到7 500美元。

尽管很多房屋所有人、承租人、旅客都很喜欢并多次使用爱彼迎，但是仍有一些人在使用过程中会有糟糕的体验，这是他们在品牌酒店中不会遇到的，随后他们会选择放弃使用这个平台。更重要的是，很多城市管理者正在考虑对爱彼迎上的房屋采取措施，因为它们无法满足当地的法律和监管要求，尤其是涉税监管要求。与此类似的还有很多公寓协会、合作社理事会，他们也在制定更加严格的规定，限制和禁止房主通过爱彼迎短租进行营利活动。

这些风险让我们怀疑对爱彼迎300亿美元的估值是否明智，更不用说让我们对其他地方更大规模、相对短期的投资抱有希望了。

独角兽公司的投资困境

你可能听说过这些独角兽公司不想上市的各种理由。有些独角兽公司会说自己只是不想承担上市后必须面临的短期市场压力。

毋庸置疑，对于有些独角兽公司来说，这是事实，但我们认为对于其他独角兽公司而言，在预期上市计划后的很长时间内仍保持私营公司状态，实际上还有很多不可明说的考量。二级市场很可能不能给出这些独角兽公司的股东所期待的估值，考虑到已经投入在独角兽公司身上的数十亿美元，很多投资人已经迫不及待地想要通过二级市场实现退出了。他们拒绝价格倒挂，不会以低于自己投资成本的价格出售股票，这可能才是独角兽公司选择不上市的真正原因。

通过并购实现退出对于独角兽公司的股东们来说很不现实。这并非因为缺少对高成长空间的科技企业感兴趣的潜在买家。风险投资行业刊物*CB Insights*的数据显示，2016 年共有 21 笔并购案的交易对价超过 10 亿美元，但其中只有两个标的曾经是独角兽公司——即被并购前的最后一轮融资估值超过 10 亿美元。我们猜测，不少独角兽公司是希望被收购的，只是它们的报价对于意向购买方而言实在是太昂贵了。

*CB Insights*与我们持有相同的观点。独角兽公司的估值以及股东们的预期价格实在是太高了。那些高估值建立在高增长预期的基础上，而现在看来，这种假设过于乐观。正如*CB Insights*指出的那样，它们的定价基于完美假设，而我们先前说过，这种完美，所有因素都处于理想状态，在现实中几乎不会出现。

独角兽公司的估值膨胀得非常厉害，以致奉行“商业估值基本准则”的买家几乎不会出手，直到估值降落到合理区间。*CB Insights*还指出，在某些情况下，私募市场里独角兽公司的估值系数远超二级市场的可比公司。讽刺的是，由于退出障碍的存在，一些独角兽公司迫于压力要将现金流由负转正，这种“杀鸡取卵”式的做法将使增长放缓，进而降低当初能够支撑高估值的增长预期。

专注于早期阶段投资

现在你已经弄清楚为什么我们不愿意投资独角兽公司了，投资这类公司很难实现2倍或2倍以上的收益，20倍、30倍的收益更是天方夜谭，所以可能还是去拉斯维加斯豪赌一次更靠谱。

我们还是倾向于坚守更传统的风险投资模式，专注于早期阶段投资——通常投资于那些接受了天使或种子阶段融资后仍健康运行，并且估值没有涨得太离谱的创业公司。早期阶段的创业公司估值通常在500万~1 000万美元，高一些的在1 000万~2 000万美元。虽然大多数投资项目会遭受损失，但是它们一旦成功，就意味着投资人有上千万美元甚至上亿美元的收益。在过去30多年中，我们投资的项目中有4家以超过10亿美元的估值退出，当然，你不能指望这种超高回报的情况一定会实现。

在过去30多年中，专注于早期阶段的投资定位为我们的投资人取得了不错的成果。风险投资行业按项目数量统计的成功率（只要有正回报即被视为成功）一般为15%~20%，而通过审慎地筛选和严格地尽职调查，我们的投资成功率高达37%。我们的历史总收益率为28%，要达到这个成绩意味着必须有一些以10倍、20倍，甚至更高收益结果退出的项目，这样才能抵消近2/3的亏损项目所造成的损失。

风险投资行业和个人投资者的隐忧

投资独角兽公司可以成为向他人吹嘘的谈资，但对于那些在后期阶段才参与其中的投资人而言，想要退出时有钱可赚实在太困难了。我们敢打赌，“害怕错过”的心态催生了大量的独角兽公司估值泡沫。

尽管2000年那场互联网泡沫破灭，击垮了不计其数的高估值年轻的上市公司，极大地破坏了数百万美国民众的财富，但是我们并不担心类似的泡沫破灭会重新上演。如今，公司的高估值只出现在私募市场，它们的投资人通常是有能力承担此风险的机构或非常富有的个人投资者，因此，不利影响的范围仅局限于极少数人。

我们担心的是，如果一连串的独角兽公司泡沫破灭会使流入这个领域的资金变少，从而影响足以改变世界的创新活动，出现这种情况将是社会的不幸，以高科技为驱动力的创业公司将不再拥有当下良好的创业环境。这对于约 1 000 万名合格投资人（美国证券交易委员会的定义是：净资产超过 100 万美元，但不包括主要居所或年收入持续超过 20 万美元）而言更是坏消息，因为他们好不容易在《促进初创企业融资法案》的允许下得以参与由专业人士管理的风险资本投资。

我们相信，坚持传统投资方式——投资早期阶段的创业公司——的风险投资机构会继续为投资人带来丰厚回报，当然前提是这些机构有值得信任的专业管理团队和适当程度的分散化投资能力。相反，我们敢说那些跟风追逐独角兽公司的投资人最终会发现自己深陷泥潭。

第七章　以合理价格投资最优质的公司

风险投资是一门非常难做的生意。一名投资人必须足够聪明、幸运，而且清楚地了解取得超额收益的方法和途径。

在前文中我们曾经提到，根据汤森路透风险投资研究指数的数据，风险投资行业整体的长期年化收益率约为 12%，过去 20 年约为 19.7%。然而，具体投资项目，甚至持有多家公司股权的投资组合，它们的收益率却是天差地别，有的亏损很大，有的却收益极高。

莱恩掌管的不同基金和投资组合在历史上的收益率为 14%~159%。在自身努力和幸运女神的共同作用下，我们的基金从未有任何一只是亏损的。

具体投资每个项目是难度很高的工作，但风险投资机构必须迎难而上。风险投资行业的一般情况是：15%~20% 的投资项目会有或多或少的盈利，其中约半数是所谓的本垒打项目，即能实现初始投资额 5 倍以上的收益。正如我们在本书中反复提到的那样（很抱歉我们要不断地重复，但我们确实对这样的优异成绩感到自豪），我们的业绩更加优秀，超过 1/3 的投资项目都是盈利的，其中一半是本垒打项目，要么内部收益率超过了 100%，要么获得了 10 倍以上的回报。我们做出的 4 笔投资，退出时它们的估值超过了 10 亿美元，AOL 的市值甚至一度超过 3 500 亿美元。

在过去 30 多年里，我们的年化收益率约为 28%，击败了巴菲特 20% 的业绩表现（尽管他已经在投资行业摸爬滚打了数十年）。要实现这样的高回报，我们必须以合理的价格找到最优质的项目，并巧妙地选择退出时机以实现收益最大化。有些人可能会说，这不就是另一种形式的“低买高卖”吗？然而，在风险投资领域，这条被反复提及的理财建议，过度简化了我们面临的挑战，也很容易使我们错失优质的投资机会。

AOL的故事

在本书前几章中，我们和大家提到过CVC创始人比尔·冯·迈斯特在20世纪80年代面临的困境。在讲述时机的重要性时，我们提到了这位不太幸运的创业者走在时代的前面，他制造了一种低成本的调制解调器，可以通过家庭电话线路接入雅达利游戏机，从而使消费者能够在个人计算机上玩到本来只能借助游戏主机在电视上玩的游戏，由此迈斯特开启了他的创业历程。

现在让我们将这个故事的全貌呈现给你，你可以从中了解寻找优质项目所面临的挑战，以及如何介入项目管理才能使之成为一项成功的投资。CVC在创立伊始就接受了1 200万美元的风险投资，当属风险投资圈里炙手可热的宠儿，CVC的出资人囊括了当时美国最主要的风险投资机构，包括凯鹏华盈、好事达、花旗银行、国际镍业公司（Inco）、美林、皮卡尔、联合银行等。

随后，一场在营销和渠道上的闪电战迅速打响，CVC的产品在西尔斯百货（美国当时最大的零售商）及其他主要零售渠道销售（因为当时没有互联网）。CVC创始人的想法是不仅提供当下最流行的视频游戏，而且要搭上雅达利3600型游戏机的便车，准备蹭一蹭《青蛙过河》、《太空入侵者》以及《陷阱：玛雅人的冒险》等游戏的热度。

然而不幸的是，真正的陷阱却是CVC自己。在耗尽了投资人投入的现金后，CVC仍欠供应商1 800万美元，公司彻底瘫痪了。受此影响，本来刚要从一段长期低迷状态中复苏的风险投资行业又遭受了重大挫折。对于看似精明的风险投资人而言，CVC起初似乎是一个有合理估值的优质投资机会，但后来它的发展路径与大家所期望的背道而驰，甚至扭转了整个风险投资行业一切向好的发展趋势。

在败局似乎已尘埃落定之际，好事达、花旗银行、国际镍业公司的风险资本团队相继参与了对该公司的支援行动。它们追加的投资，为公司生存争取了更多时间，并与公司管理层一起努力进行业务转型，将公司更名为量子计算机（Quantum Computer），之后又再次更名为AOL。时代华纳在完成对AOL的这笔世纪收购之前，AOL的估值高达1 630亿美元，完成收购后其市值更是一度冲至3 500亿美元的巅峰（现在时代华纳处境不佳，前不久被信息技术公司Version以44亿美元的价格收购），这是风险投资行业历史上绝地反击的经典案例，也成就了史上最大规模的并购案。不仅AOL的股东从中获益颇丰，而且本次交易诞生了若干位几十亿身家的富豪——近1 000多名千万富翁；更重要的是，这次成功的交易催生了华盛顿特区高科技创业浪潮，直到今天这一浪潮仍欣欣向荣。

你可能会问，CVC是一笔价格合理的优质投资吗？其实在CVC最初接受1 200万美元投资随后却濒临破产时，你很难这么说，但这个案例给我们生动地演绎了风险投资人如何在看似无望的情况下化腐朽为神奇，向世人展示了风险投资人的另一种价值所在。

一群勤勉的风险投资人因为对CVC的投资聚集在一起，他们随后聘请了一位经验丰富的重组专家，这使公司得以重建，还招募了全新的管理团队，重新定义和制定了商业模式，这次整改调整了公司将调制解调技术的应用场景从视频游戏下载转变为通过电话线路为家庭提供互联网接入服务的业务模式。以今日的视角，我们会对当年慢吞吞的网络数据传输速度嗤之以鼻，但AOL确实是家庭互联网的先驱，给我们的生活带来了重大改变。其实说了这么多，我们想表达的是，风险投资人自身就在被投资企业扭转颓势的过程中起到了非常重要的作用。

话说回来，众多投资机构最初对CVC的投资到底是对还是错？尽管在起步阶段，公司的发展路径出现了偏差，但当时风险投资机构之所以愿意再投资，是因为基于对行业大势的判断，认为个人计算机即将大范围普及，调制解调器的价格会不断下降，而数据传输速率却会越来越快，最终深度普及的个人计算机和高速率的调制解调器将一起引发一波通信信息爆炸潮。虽然它们抓住了市场的核心，但公司为实现目标仍然尝试了若干次，启用了完全不同的管理团队，花费了大量资金。当然最终的成功也需要耐心，公司努力了多年才终于迎来了个人计算机和调制解调器合为一体，走上广大消费者桌面的那一天。

很多时候，时机是至关重要的，如果在趋势到来前过早投入，很可能血本无归，但如果进入得太晚，损失就更加无法避免。对优质项目的投资时机也必须选择得恰到好处。

在上述案例中，投资人在退出投资时获得了巨大收益，初始投资价格的高低反而不那么重要了。没错，如果在退出投资时，目标企业的估值并不高，初始投资成本的高低对最终收益率的影响会非常重要，但相反，如果是本垒打项目的退出，初始投资成本对最终收益的影响要小得多。CVC的投资人确实需要足够的耐心和毅力以及充足的资金，在长达10年的时间里持续投入直到最终取得成功。即使在1994年AOL上市后，市值已达7亿美元的情况下，投资人仍然需要有勇气和远见。直到2001年，AOL与时代华纳合并后，市值一度超过3 500亿美元。在这个过程中，耐心、坚持和创造力都是必备的品质，只有经过努力成就了一项优质投资，我们才能回过头来评价初始投资价格是否为合理价格。

如何管理风险并抓住机会，以便在不断变化的市场中取得胜利

正如AOL董事会前主席兼首席执行官吉姆·肯西曾说的那样，“找到一匹千里马”已实属幸运，在围栏里培养出一匹千里马则更难得。所以，对于希望以合理价格投资最优质公司的投资人而言，真的有一种“放之四海而皆准”的方法和流程，保证他们能得到最好的交易条件和最高的收益吗？

最基础的一步是理解风险投资的本质，以及与其他投资类别相比它有怎样的不同。二级市场的股票投资衡量的是投资人的预测能力，投资人要通过资产清算法或者未来现金流折现法评估公司当前的市值，以及其内在的真实价值。和沃伦·巴菲特所从事的二级市场投资不同，在风险投资上，最重要的是识别并判断每个融资项目的内生风险。

由于内生风险的存在，很多年来，在单只基金或单个投资池中进行分散化投资被认为是可以获取高额收益的方法。一家资金主要来源于机构投资者的风险投资机构，会在4~7年的时间里将处于一个投资组合里的资金投入15~30家创业公司，并进行持续跟踪。随着时间的推移，当其中某些公司的发展进度超过预期并表现出更强劲的增长潜力时，它们会追加投资。这种投资方式带来的结果是，约85%的投出资金无法收回，大约10%的资金能够带来约2~3倍的收益，剩下5%的资金所投资的1~3个项目是完美的本垒打，投资人可以获得超过初始投资金额10倍以上的收益。

这种分散化的投资方式，在过去50年里为所有参与风险投资的投资人带来了约12%的年化收益率。在经历漫长的时间洗礼后，这种方式被证实属于一种合理且可预测结果的投资方式，尤其是当投资人在不同的经济周期和众多基金之间做出分散化配置后，结果似乎更加平均。一只基金

的收益结果可能很糟糕，另一只基金的收益一般，但还有一只基金则可能是收益极高的。对于单只基金或单个项目而言，其预期收益的波动性很大，但投资组合整体的收益率则相对稳定和可预测，也与总体风险水平相匹配。

但近年来，这种极端分散化的投资方式遭到包括彼得·蒂尔在内的很多成绩斐然的风险投资人的批判。彼得·蒂尔是贝宝的创始人以及脸书的投资人，他在那本充满了远见卓识的《从0到1：开启商业与未来的秘密》中写道：与其在分散化投资方式下承受高达80%~85%的失败率，不如一开始就集中精力仅投资极少数公司，持续关注，对其中具有极强本垒打项目潜力的公司追加投资并投入精力辅佐其做大做强。他将重点放在最初对项目的遴选上，只投资那些最具潜力实现本垒打项目的创业想法和初创公司。

若要采用这种旨在实现本垒打的投资方式，并通过其实现理想的投资成果，投资人就必须有途径和方法筛选出最有潜力的创业公司，并在此基础上为它们创造取得成功的条件，而且这样的创业公司在你的组合里不能只有一个，而应该至少有七八个，从而保证至少有一个项目能实现本垒打。正因为我们遵循这样的逻辑，所以我们需要考察上百家创业公司，才有可能筛选出一家来投资。

2000年以前，很多投资银行愿意承销有收入但无利润的创业公司股票，事实上，在互联网泡沫鼎盛之际，投资银行甚至不要求这样的公司有营业收入。有些创业公司刚一上市就能够为那些在首次公开发行时认购股票的投资人带来1倍、2倍甚至3倍以上的收益。这里我们得再强调一次，如果投资人在较大标的范围内进行了分散化投资，那么这种分散化投资方式的年化收益率约为12%。

然而遗憾的是，很多认购首次公开发行股票的投资人因没有做分散化投资的安排而损失惨重。在2002年互联网泡沫破灭后，承接这些业务的投资银行接连倒闭，这些初创公司不可能在创业后的短时间内发行上市，失去这个“造富”机会后，传统风险投资的分散化策略变得不再有效。

同样是在这段时期，越来越多的风险投资参与互联网狂欢，并将该领域的创业公司估值吹上了天，风险投资机构不得不为每笔投资拿出更多资金。在这种过热的投资环境下，只有那些能实现本垒打的投资项目才可能给风险投资机构带来回报，并使其保持市场竞争力。

成就本垒打投资的前提是什么？

对风险投资感兴趣的新手投资者如何成功？什么样的特征会预示一家创业公司具有实现本垒打的潜力？我们认为，最可能获得成功的方式是把资金交给一家历史悠久且业绩良好的专业风险投资机构。事实上，大型机构投资者采用的就是这种方式。

然而对于个人投资者来说，除非是极为富有的群体，否则这个方式是不可行的，其原因在于美国最富声誉的约25家风险投资机构几乎不接受个人投资者的资金，即便接受，也是以边车基金的形式运作，这类基金只对少数与投资机构关系最密切的群体开放。

个人投资者的机会在这里：过去几年内兴起的互联网线上风险投资公司给个人投资者提供了参与风险投资的机会，这些线上机构包括AngelList（一家位于美国的股权众筹平台，是股权众筹的鼻祖）、OurCrowd（一家位于以色列耶路撒冷的股权众筹平台）、Funder’s Club、Circle Up以及由本书作者莱恩创办的VCapital等。这类线上机构既为个人投资者提供了单个项目的投资机会，也提供了投资组合的基金供他们选择。

有些线上机构会对它们提供的投资标的进行严格地尽职调查，而有些机构则似乎不那么严格；有些机构在风险投资方面有很丰富的经验，而有些机构则不完全如此。由于线上风险投资机构还是新生事物，它们并不掌握根据已退出项目的数据计算出的历史回报或已实现的内部收益率的相关数据，因而难以取信于投资人。因此，个人投资者还是需要理解一笔成功投资的特点及其必要条件，学会如何追踪其表现，或者更实际一点儿，学会辨别哪些才是能帮你找到本垒打机会的风险投资机构。

要想投中本垒打项目，投资人必须先于其他人发现其中蕴藏的机会和潜力。如果你发现得太晚，项目的潜力可能已经被大众熟知或其估值被推高，那么此时再参与投资，实现本垒打几乎变成一个“不可能完成的任务”。

彼得·蒂尔努力地先于其他人发现机会（以合适的价格），他喜欢不断地思考一个问题：在几乎无人看好的事情上，你能发现怎样的机会？为寻求投资于“皇冠上的明珠”的机会，蒂尔聚焦于那些具有很大市场却鲜为人知且能够被深入理解的技术领域。你如果是第一个洞察机会的人，或者是在理解行业发展方面无出其右的人，就可以立即创建一家公司，并在所有人尚在局外时占领市场，并保持领先地位。

除占得先机以外，创业公司在经济性方面也要有巨大优势。一种新的商业模式或者产品价格，必须在价格优势、效率优势、综合价值三个维度中至少有一个维度比竞争对手高出 50% 以上，如果这个优势能达到 100% 就更好了。一个绝佳的案例就是本书作者投资的 Cleversafe，Cleversafe 在大数据存储及安全领域做出的技术革新，使得数据存储成本较以往降低了 80%，而且同时大幅提升了数据安全性，彻底瓦解了数据存储领域原有的市场格局。正因为这一革新，IBM 以 13 亿美元的对价完成了对 Cleversafe 的收购。第一，找到尚未为人所知且不会在短时间内被大众熟知的商业模式或产品；第二，确保这种模式或产品能提供比竞品更优越的经济性。做到这两点，投资人距离实现本垒打便只有一步之遥。

但若要发现这种鲜有的想法和产品，用英国诗人坦尼森的话说“眼望之远，知之所见”，投资人就必须用长远的眼光来看待今天的机遇。对于投资人而言，对所有可能的机会时刻保持关注是非常重要的，但要对创业者的梦想保持高度怀疑，毕竟大多数梦想最终并不会成真。

风险投资人也必须要求自己最多只能展望未来 10~15 年的情形，并以此为依据在当下做出判断，因为你要考虑到整个社会以及金融机构对高风险投资的回报期限的忍耐极限，更长的投资回报期意味着在此期间出现令人意想不到的竞争者的可能性也越大。在 30 年后会被成功商业化的绝大多数技术，在现在这个时点上是根本没办法被想象出来的。

10~15 年听起来很久，但风险投资人判断是否要下手的时间窗口却稍纵即逝，因为其他人也很快会有类似的想法并参与竞争，群雄逐鹿。创业者和支持他们的风险投资人必须立刻行动起来。对于风险投资机构来说，立即行动的意思就是，要在最短的时间内判断出哪个创业者的方案和执行路径能将这件事情大概率地做成并为这个判断下注，当然这本身也需要投资人富有洞察力和远见。也许在这个场景里，作为投资人的你与创业者在对未来的预见上“知己知彼”，才是取得成功的关键。

如何寻找潜在本垒打项目的机会？

看起来有些奇怪，作为风险投资人，我们寻找成功投资的思路与久负盛名的传统行业的投资领袖沃伦 · 巴菲特如出一辙。巴菲特持仓比例最高的股票基本上是保险公司、铁路、银行、报纸及可口可乐这样的传统实业，那么，像我们这种聚焦于巴菲特曾因不够了解而回避的高科技公司的风险投资机构，到底与他是怎样“如出一辙”的？

我们在前面提过，沃伦 · 巴菲特在 50 多年的投资生涯中之所以保持成功有很多原因，其中最重要的就是他只投资自己深刻理解并认可的行业。他举了一个很生动的例子来解释这个方式——一个年轻的男孩用他送报纸赚来的钱投资一个农场。巴菲特看过、调研过很多标的，也做过很多投资，并且很多都成功了（虽然他也承认有一些是失败的，但数量并不多），因此，他在反复实践中磨砺出的眼光让他比普通投资人有更高的成功率，他也在这个过程中练就了“慧眼识人”的能力，他很清楚要找到什么样的人来一起成就事业。这种敏锐的投资灵感让他在看到机会时能够辨明哪些公司是值得投资的，哪些人是值得信任的。

与巴菲特一样，成功的风险投资人也投资于自己深刻理解并认可的行业和公司，对于我们而言，就是高科技行业，具体包括信息技术、生物技术等我们团队非常了解和熟悉的行业。此外，了解和信任你的投资机会的来源，也是很重要的背书方式，大多数优质的投资项目来源于可靠的渠道，比如律师、会计师、银行经纪人、税务顾问、咨询师或者与机构之前投资有关系的创业者等。推荐人通常清楚某家特定机构的投资偏好，并且了解创业者本身是否值得信赖。

投资机构几乎不会跟进“毛遂自荐”的投资标的，芝加哥有一句政治谚语“不要雇用任何不请自来的人”，在风险投资领域这条原则也同样适用。为了寻找可能成功的投资机会，我们会认真地倾听推荐人的意见，因为他们非常有经验并且会参与投资他们推荐的项目。在辨别哪些创业者是值得信任的这件事情上，推荐人的人脉网络是可以起到背书作用的。

辨别什么是值得信任的，这是一个更棘手的问题，需要调动我们左右脑的认知技能。左脑在传统上被认为是偏重于逻辑处理的。对于风险投资而言，扎实、合理、准确的数据以及线性化处理的技能是非常必要的，数据处理的速度反而不重要，准确性及洞察力比速度更关键。通常，耐心等待是比较好的选择，源源不断的新数据可能会给投资人带来新的决策依据。

右脑的处理过程是关于直觉的，而直觉依赖大量经验才能形成，这一点非常重要，脱离经验谈直觉是臆想，但直觉本身并不能作为投资的决策依据。

在风险投资决策过程中，逻辑处理的工作核心围绕着判断“究竟哪些数据与最终决策强相关”这个议题进行。在以下因素中，究竟哪些对决策更重要？市场规模、市场增长率、技术领先程度、创业者的动因与坚持、资金回流的难易程度、资金需求量、推向市场的速度、快速做大规模的能力、持续稳固的市场领导地位、先发优势，或者以上变量的集合？一旦最重要的影响因素确定了，接下来的工作就是按图索骥了。

准确的直觉来源于自身的灵性和经验，二者缺一不可。对于一位专注于早期阶段（包括种子期和初创期）投资的风险投资人来说，他对高失败率的耐受力非常重要。在早期阶段的投资中，创业公司几乎不会提供任何定量分析数据，甚至用于参考的定性因素都很少。

经验至关重要，然而经验是通过大量的损失积累起来的。据估计，要培养一名成功的风险投资人需要花费 1 500 万美元。

个人投资者完全没有必要通过这种失败的投资积累经验，尽管有些人会选择这样做，但是我们认为对于大多数个人投资者而言，选择一个有良好历史业绩且经验丰富的专业投资机构比自己亲自做更加靠谱。

我们在此给那些想要自己操盘的个人投资者一些建议，这些建议同样适用于年轻进取、想要有所作为的专业风险投资人。我们建议你从小额投资做起，随着经验的积累再逐步加大投资规模。一些线上渠道可以接受合格投资人最低 1 000 美元的投资，根据《促进创业公司融资法案》，即使是非合格投资人，在符合以下条件的前提下也可以在风险投资基金里投入一定数额的资金：

第一，如果个人年收入或净资产低于 10 万美元，那么最大投资额不得超过 2 000 美元，或其年收入或净资产总额较低者的 5%。

第二，如果个人年收入及净资产两者均达到或超过 10 万美元，那么此级别投资人最高被允许投入其年收入或净资产较低者的 10%。

风险投资是科学和艺术的结合体，二者应该融为一体，为我所用，但在你尚未有足够经验游走于二者之间时，千万不要过于激进。投资之所以被称为艺术，是因为你要清楚如何判断该信任谁、何时信任以及信任什么。

价格很重要，也可能很棘手

我们已经讨论过寻找优质投资所面临的挑战，接下来该谈一谈价格了。在投资中，价格的重要程度仅次于项目本身的质量（因为并不是每个项目都可以成为 AOL）。在风险投资刚刚兴起时，对一家公司的估值超过其收入的 2 倍是非常罕见的，对那些几乎没有收入的创业公司，风险投资人给出 400 万至 1 000 万美元估值可以算得上相当大方了。100 万美元的投资可以占到投资后 10%~25% 的股权份额。

1995—2000 年互联网泡沫时期，对早期公司的估值变得异常昂贵，比如一家未来预期收入 500 万美元的公司，其估值可以高达 1 500 万美元。不可否认的是，因为微软等多家高科技公司成功上市等因素，如此高的估值附加了投资者和消费者对更高成功概率的预期。微软公司初创于美国加州帕洛阿尔托的一家理发店，而且当时只有 3 名员工，最终微软拆分为 CyberSource 和 Beyond.com，这两家公司均成功发行上市，早期投资微软的投资人在 3 年半的时间里获利达 41 倍。所以在初始投资时，1 500 万美元的价格看起来虽然很高，但回报更高，那个时候可谓创业者的好日子！

不过要当心，估值是频繁变动的，随着互联网泡沫的破灭，很多创业公司无论报出多么低的估值，都无法得到融资，而那些可以拿到钱的创业公司也不得不稀释更多股权去换取为数不多的资金。

但即便是在外部环境如此恶劣的时期，某些炙手可热的行业或领域里的优秀公司仍维持了相对较高的估值。当一家创业公司的参照估值较高时，风险投资人会倾向于给出更高的价格，这里的参照估值是指与这家创业公司所处行业相近的类型相似的企业——无论是通过IPO的方式还是并购——在退出时的退出价格。投资人的逻辑是如果类似的企业能以好的价格出售，那么他们投资的公司也应该可以。但其实没有哪两家公司的情况是一模一样的，用这种估值方法要相当小心。

部分创业者认为传统的风险投资市场倾向于用最低成本进行投资，因此，风险投资人给出的估值并不合理，于是这些创业者会转而寻求其他渠道融资，比如天使投资人、天使投资团体以及其他线上融资渠道。

然而，尽管严苛的价格和其他附加条件通常是风险投资的重要特征，但是投资人其实也经常对备受市场追捧的项目支付大价钱。定价是受当前市场供需影响的，所以对于创业者而言，不要过早下结论，多接触几家机构，与它们反复沟通商议后再判断自己项目的价值。

如今，一些风险投资机构将“支付合理对价”视为自己吸引优秀创业者的有力手段。坦白地说，合理的定价——既不高估也不压价——对投融资交易双方都是有利的：一方面，如果初始股价过高，早期投资人可能会要求在后续融资中启动反稀释条款，而这通常以牺牲管理层股权比例为代价；另一方面，如果初始股价过低，创始人及其团队可能会失去动力。

非货币成本同样需要考虑

在风险投资中，可计量的货币成本和难以量化的隐形成本同时存在，与其他大多数生意人一样，对于风险投资人而言，时间就是金钱。如果一笔投资的预期退出时间较短或者不需要耗费投资人过多精力即可实现增值，那么投资人往往愿意支付较高的对价；同样，如果一项投资比较接近成熟期，比如已经取得收入或即将取得收入，那么其价格就会相对较高，因为投资亏损的风险降低。

反之，如果一家公司预计亏损的风险较高，那么投资人就会要求以更低的价格进入，少支付的这笔钱用来抵消投资人可能要为之耗费的时间和精力，以及为承担更高概率的失败风险做出补偿，因为一旦亏损，无论在投资机构内部还是公开市场上，投资人的声誉都会受到极大的负面影响。

之所以要考虑人力成本因素，是因为投资人要在不同情形下进行权衡，即考虑在某投资项目上所耗费的时间——这些时间如果花在募集新基金或者做其他投资，也许能带来更大收益。实际上，这是一个必须被纳入考虑范围的关于机会成本的问题。

给创业者一些关于融资估值的建议

经验丰富的投资人对当下最热门行业的风险收益特征，以及具体到某公司所处的发展阶段等情况都了如指掌，他们也很清楚其他风险投资机构会给出怎样的报价。一般来说，创业者最好能找到愿意给出合理价格（未必是最高价）并且能带来附加价值的投资人，这种附加价值包括但不限于投资人与创业者保持良好的互动等。

以下方法已经被很多成功的融资者验证：

- 在寻求风险资本投资前，尽最大努力将公司运营至更成熟的阶段，这会大大提高公司的估值水平。

- 在进行价格谈判前，与你的律师、会计师、投行人士或者关系较好的风险投资人讨论出可能的合理价格。
- 基于现实情况选择一个合理的价格区间，你可以将报价略微抬高以留出谈判空间，但也不能高得过于离谱，否则投资人会觉得与你沟通是在浪费时间。
- 多谈几家机构，确定至少一家可能的领投方。
- 如果你定的估值均未能通过多家机构的“窃笑测试”，那么请将估值重新调整至略低的水平。
- 要记住，大多数得到风险资本支持的创业公司在现金流转中或者在投资者退出前，都需要至少一轮的资本注入，所以千万不要一次性释放太多的股权份额，以免团队股权所剩无几。

如果你出售公司 1/3 的股份而得到了 100 万美元，那么你的公司估值即为 300 万美元，至少账面上应是如此。请记住，投资人感知到的公司质量越好，他们给出高估值的可能性就越大。

第三部分

创业者：如何融资并成功离场

第八章　开场舞：寻求风险投资人的关注

既然你已阅读至此，我们猜你或者是一名激情昂扬的创业者；或者正打算开启创业旅程；或者是一位善于未雨绸缪的创始人，虽暂无明确的资金需求，但一直在为此准备以备不时之需；或者已经在为资金问题奔走。你即便只是在为未来做准备，只要投身创业大军，总有一天也会遇到急需资金的紧急情况，所以让我们以读者都需要筹集资金为前提，继续介绍以下内容。

现在，我们假设你几乎耗尽了所有自有资金，也缺乏触手可及的信贷支持，亲朋好友提供的资金难以为继。如果此时你选择寻求银行的帮助，那么根据我们给定的假设条件，它们能提供的只有拒绝这一选项，因为你既缺乏稳定可期的现金流，又没有足够的抵押物或者个人担保。

你可能听说过风险投资人，认为他们会在此刻伸出援手。没错，他们会认真地分析你的创业方案或者商业计划，然后给你开出一张大额支票。

但遗憾的是，你必须得清楚以下事实：

- 大多数创业公司最终会失败（我们知道你已经反复听过），它们天然就蕴藏着巨大风险，更直白地说，你本人就是风险（很抱歉我们必须这样讲）。
- 大多数创业公司失败的原因在于它们未能筹集到公司业务发展所

必需的资金，从而失去了解决问题、使公司重新步入正轨的宝贵时间。

- 谨慎的风险投资人所投资的公司都是经过精挑细选的，用“百里挑一”来形容恰如其分。

这听起来真是令人绝望，实在抱歉向诸位泼了这桶冷水。

现在让我们说点儿好消息。寻求并成功得到风险资本的确是一件难事，但绝非不可能完成的任务。真正懂得风险资本的重要性，知道如何寻找及成功获得资金的极少数创业者将在竞争中获得更有利的条件，更有可能成为幸存者，并显著提升创业成功和创造财富的概率。

实际上，获取资金的渠道和可用于投资的资金很多

普华永道和美国风险投资协会联合发布的《货币树报告》称，过去几年，每年投资于创业公司的风险资本金额约为 500 亿~600 亿美元。是的，的确有人获得了资金！

找公司网的信息显示，美国共有 1 200 家风险投资机构可供选择。正如之前我们介绍的，这 1 200 家机构中既包括海外机构，也包括应被归类为天使投资团体的机构，其中有 500~600 家是位于美国境内的正规投资机构。不过在某些时候，天使投资团体的资金可能更符合你的需求。这样看来，有很多渠道可以提供你需要的资金。

如何吸引风险投资人关注？

你已经很清楚初创公司的内生风险有多高，当然，我们相信你的公司

一定与众不同——你会取得成功。但切记，鉴于数据的现实情况，机会并不会主动地站在你这边。

风险投资人看起来不太可能用投资人的钱在你身上冒险，除非你的创业灵感、方案及未来公司的前景牢牢地吸引了风险投资人的眼球。以下几方面是吸引风险投资人的注意力所必备的：

- 一个足够好且独特的创业想法，并且这一想法具有实施后赚大钱的潜力；
- 愿意让渡未来创业成果收益中的一部分给风险投资人及其他投资人，作为他们承担风险的回报；
- 想要成就一家大公司的野心——至少每年 5 000 万美元至 1 亿美元的收入以及可观的利润率；
- 在 5~10 年内实现上述目标；
- 愿意接受风险投资人作为你的合伙人，并肩作战（记住，没有他们的钱，你无法追逐创业梦想）；
- 对你将从事的具有高增长潜力的创业领域有非常深入的了解，组织初始创业团队并且有能力在业务发展需要时，吸引更多的优秀人才加入；
- 愿意为支持你的风险投资人在 5~10 年内找到可行的退出渠道。

本书将协助你厘清思路，起身踏上寻找资金之路，并成功地获得资金。尽管我们会详细地指导你如何推介自己和自己的公司，但风险投资人是经验丰富、专业扎实的专家，他们最擅长在任何情境中发现价值，你不可能仅靠自己的行业经验或者娴熟的推销技能就获得资金，你只有充分地展示真实的价值才能取得他们的信任。

勘探黄金，或者更好的是钻探石油

在风险投资人身上寻找黄金的难度丝毫不亚于在淘金热时期勘探真正的金矿。其他很多“矿工”同样在寻找“母矿”，你需要更有利的优势——已知的方法和一些创造力——才能在竞争中胜出。

已知的方法，部分是指你要掌握比原来的淘金方法更有效和更高效的方法。原来的淘金方法需要采矿工人在淘金盘里连续不停地泼水，直到金子全部沉淀到底部。这就好像如今你要一一拜访 1 200 家风险投资机构和天使投资团体，期望淘出能为你提供资金的那一家。你如果要用逐一拜访的方式寻找资金，就要花上数年，甚至一生的时间，最终却一无所获。可是你的创业想法付诸实施可等不了那么久，快速变化的市场不会为任何人停下匆匆的脚步。

为了不错过市场机会，你最好找到胜算更大的几个地点，然后集中精力挖掘，这种方式更像是石油公司寻找钻井地点时所采用的方法，将它应用到寻找风险资本这件事情上，就是遵循以下三步，从而将搜索范围缩小至五六家机构。

第一，筛选在地域上临近你的公司所在地的机构，有些风险投资人甚至只愿意骑自行车或步行前往你的办公室，所以你至少得保证投资人可以开车过去。

第二，进一步将范围缩小，盯紧那些可以投资于现公司所处阶段的投资机构。我们稍后会回顾一下行业里如何定义公司不同的发展阶段，这样你就可以判断自己所处的位置，以及风险投资人看待你的公司的方式。

第三，如果有投资机构聚焦的行业范围刚好涵盖了你的创业领域，那么请将它们的名字保留在你的备选机构名单里，我们之后会告诉你如何找到它们。

通过以上三个步骤的筛选，你的备选机构名单将缩小至很小的范围。

风险投资人对投资阶段的看法

在第四章中，我们向投资者介绍了如何寻找适合自己的投资机构，分享了通过投资不同阶段来区分风险投资机构的分类方法，这个分类方法来自美国风险投资协会 2015 年年鉴中的内容。你不需要翻回去温习，我们在此简单地总结一下以便读者参考。

1. 种子阶段

处于种子阶段的创业公司其最低融资额通常低于 50 万美元，极少公司拥有超过 100 万美元，这些资金是为创业者在技术和商业两个层面验证创业概念的可行性的，并通常被用于产品开发和市场调研。如果最初进展顺利，那么这些资金接着会被用于招揽管理团队和制订商业计划。种子阶段是产品在上市销售前的阶段。

2. 早期阶段

早期阶段的融资主要被用于完成产品研发，此时公司正集中精力进行产品的市场测试和试生产。有时候，产品才刚刚投入市场，尚未实现商业化。此时，创业公司成立的时间一般小于 3 年，市场调研已完成，公司的核心管理团队已成形，商业计划业已成熟，公司准备或已经开始经营业务。

3. 快速发展期

该阶段的融资主要被用于满足企业的营运资金需求，销售规模增长带来的生产成本、运输成本、存货及应收账款的增长均需要现金支持，此时公司可能仍未赢利。还有一部分资金可能被用于进一步的产品研发及相应的市场拓展行动，那些以机构投资者作为资金来源的规模更大的风险投资机构和创业公司的前期投资人，可能在此阶段一道参与进来。

4. 晚期阶段

晚期阶段的资金被用于追求更稳定的增长率，而非扩张期所需要的高增长率。这一阶段的公司可能仍然未实现盈利，但相较于前期已更接近盈利，此时公司的经营性现金流可能已经为正，但仍需要融资以实现更快的增长，一些投资机构已经开始考虑IPO及其他退出途径。

基于风险投资机构聚焦的行业进行选择

风险投资机构根据聚焦行业的不同来相互区分，将自己的投资范围限定在一些特定行业中，甚至只在确定的一两个行业中选择投资标的。风险投资机构聚焦的往往是蕴藏了众多颠覆式创新机会及爆发式增长前景的领域，比如信息技术、通信、移动应用、大数据、生物科技等新兴行业。

用行业聚焦的方式筛选风险投资机构是行之有效的，原因如下：

第一，你从事的领域是它们的兴趣所在。为什么要在那些对你的领域完全不感兴趣的机构身上浪费时间呢？

第二，它们对你的创业领域有很深入的了解，也有强大的专家资源网。

第三，它们的投资人可能也是行业内的专业人士，有很广的人脉网，甚至可以作为非正式员工为公司提供帮助。

筛选风险投资机构的具体流程

其实在你按照上述步骤进行机构筛选时，有很多清单和数据可以提供支持，我们在第四章中详细介绍过，但为了创业者阅读方便，我们在此简单地重复一遍重点内容。

据我们所知，找公司网拥有大量数据，共计 1 200 家机构的基础信息都包含其中，网站上所列的机构简介包括机构注册和办公地、主要的投资阶段以及其所做出的单笔投资最大（最小）金额。接下来，你可以点击每家机构了解更详细的信息——它们做了多少笔投资，现有投资组合里的被投资公司数量及所处行业等具体情况，甚至每一笔投资的规模、累计投资规模、已实现退出的项目规模及通过何种方式退出（IPO或并购等）等信息。

尽管这些数据非常翔实，但仍不完整，其他的信息渠道也是如此。因为我们刚成立的VCapital以及投资的某项目以超过 10 亿美元的价格成功退出的信息早已见诸报端，但关于这个成功案例和我们VCapital的信息却并未被收录其中。

总部分别位于芝加哥和旧金山的一家专注于高科技创业公司和风险投资领域的公关公司沃克金沙通信，也提供了一份主要投资高科技领域的风险投资机构名单，它为读者提供了每家机构的地址、投资阶段、聚焦的行业、总体资金规模、知名项目等信息。它收录的信息不像找公司网那样全面，仅提供了 100 多家规模比较大的机构信息，其中约一半的机构掌管的资金规模已达 10 亿美元。

另外一个比较有用的信息渠道是行业协会网站美国风险投资协会，协会网站上的信息比沃克金沙通信提供的信息更丰富，但仍远不如找公司网完整。协会网站上共有近 350 家机构的网址链接，在每一家机构的主页上，你通常可以找到在其他渠道上公开的信息和更多未公开的信息。但再强调一次，协会的这份名单依然是不完整的，并未收录我们这样没有缴纳会费的投资机构。

另一种选择：通过专业中间人引荐

为了寻找到合适的风险投资人，可以采取另一种更可靠的方法——通过专业中间人引荐。首先你将自己的创业想法和方案告诉投资银行家、新业务律师、会计师、证券经纪人或者其他中间人，他们因工作关系都会结识很多风险投资人。

如果你的创业计划被一位深受风险投资人信任的专业人士递交，那么你很可能免于排队受到优先关注。想想看，风险投资人每天都会收到大量的商业计划和项目建议书，这个优先权可是一个大福利。专业中间人对你和时间紧张的风险投资人两方来说都是非常有价值的人物。此外，找到曾跟你一样寻求融资的创业者代为引荐也不错，你还可以通过参加创业论坛或相关社群活动找到风险投资人。

你一旦找到了可以为你引荐的中间人，就要与他们交流，了解对方在这方面的成功经验（或者是不是真的有能力引荐）。他们认识哪些机构？对这些机构有多么深入的了解？曾和这些机构一起运作过哪些项目？赚了或者损失了多少钱？非常重要的是，你需要一个能对你开诚布公的中间人，他能帮你扫除障碍直接与风险投资人对话。

与风险投资人取得联系

在与风险投资人建立联系前，你务必整理自己的思路，保证能将自己的观点准确且有说服力地表达出来，即能快速地吸引投资人注意。引起他们兴趣的 20 秒电梯演讲，是你必备的技能。此外，你还要准备一份能吸引眼球的演示文档，大概用 15~30 页的文档篇幅展示你的创业想法，告诉他们这个商业机会的独特之处，向他们定义你的同盟和竞争者，说清楚这门生意如何赚钱，以及为什么可以取得成功；并且介绍你的管理团队，包括他们的履历、工作经验等信息。由于公司所处阶段不同，此时的你可能未必有完整具体的商业计划，但商业计划一般要写明业务增长计划、实现路径、赚钱的具体方式、计划用多长时间赚到多少钱，以及不同阶段的现金流预测和现金需求计划等。

在没有中间人的情况下，还有一种结识风险投资人的途径就是直接给对方打电话，告诉对方你有一个商业计划，但尚需专业人士的指点才能形成最终方案，请求对方给你介绍一位可以帮忙做咨询的人。与开门见山地请对方看你的商业计划相比，这种委婉的方式会令对方认为你更机智并且更加以行动为导向。

直接打电话给风险投资人也不失为一种有效的方法，将自己独特而引人注目的计划告诉对方（20 秒电梯演讲会派上用场），并询问对方是否有时间继续当面交流，听取你的创业计划。出于专业职责、尊重以及对孵化新机会（也是从中赢利）的渴望，很少有投资人会拒绝这样一个直截了当的请求。当然在拨打电话之前，请确保你呼叫的是已遵照上述 3 个步骤做筛选后而保留下来的机构。

在此提醒一下，联系风险投资人这件事情可能会令你很沮丧。一些投资人频繁地出差，即便是在办公室工作的日子，也在不停地接打电话或者参加会议。你不要因为电话被拒绝接听或他们以其他借口推辞而打消直接联系他们的念头，他们的借口很可能都是真的。请坚持下去，不停地拨打并留下你的联系方式，如果与你通话的是一位行政助理，一定要结交对方以便他（她）可以帮你与想见的投资人建立联系。如果你的来电被转入语音信箱，请确保你的声音清晰、语义准确，记住 20 秒电梯演讲可能会让投资人在最短时间内给你回复。

建立联系的其他方式

尽管与风险投资人单独会面并建立联系是你的目标，但参加定期的风险投资博览会以及相关论坛活动和集会，也会为你提供将自己的创业计划传达给众多投资人和专业中间人的机会。在很多类似的集会活动上，正寻求融资的公司会为现场的投资人做简单介绍，接下来，感兴趣的投资人会与你继续进行面对面的交流。

这种遵循一定标准化形式和通用规则的博览会在美国各主要城市时常召开，你在网上简单地搜索一下即可找到相关信息。在这些论坛上，你可能会觉得自己像一只走入狼群的小绵羊，但确实这是一个绝佳的展现自己，并与其他正在融资的公司做比较的机会。

创业公司孵化器和加速器不仅给创业者提供有助于公司发展的学习机会，而且提供一些与天使投资人、风险投资人以及专业中间人见面的机会。同样，你在网上简单搜索一下就可以得到详细信息。

芝加哥正好就有一家很有名气的被称为 1871 的孵化器。1871 年，芝加哥城的一场大火带走了 300 多人的生命，摧毁了近 3 万平方英里[①]的城区，让 10 多万人流离失所。灾难过后，很多工程师、建筑师和发明家涌入芝加哥参与重建这座城市，为了纪念这段灾后重建的历史，孵化器的创始人将其命名为 1871。

---

① 1 平方英里≈2.59 平方千米。——编者注

1871孵化器成立于2012年，旨在支持芝加哥当地数字领域的创业群体。自此以后，1871孵化器成为这座城市科技创新和创业生态的中心。如今，1871孵化器已经培育了400多家早期数字创业公司，提供了很多教育培训项目，主办了多个项目博览会和创业投资选秀活动，受到了当地风险投资界的追捧。

风险投资的演变：天使投资团体和风险投资线上渠道

既然打算寻求投资人的资金支持，你就应该了解近年来风险投资行业的最新动向和发展趋势。这些新变化可能刚好满足你的早期资金需求，尤其是当你还在创业初期，所需资金规模尚小，可能在50万美元以下的时候。

其中一个进展是天使投资团体的兴起，但其实天使投资团体出现已有些时日了，他们的存在解决了尚在种子阶段的创业公司的资金问题。种子阶段的创业者已经无法从亲友处获得资金，但由于所处阶段过早，风险投资人还无法出手。

天使投资团体通常由富有的“平民”——合格投资人但并非专业投资人——组成，他们共同参与筛选和开发投资标的的工作，然后将钱凑在一起投资被选中的标的。他们几乎只关注在地域上面邻的创业公司。他们大多数因对投资具有高科技含量、有很好发展潜力的公司的共同爱好而聚集在一起；另外一些人则是基于团队成员的良好关系。比如莱恩的母校哈佛商学院，就有很多校友在自己的居住地组建了基于校友关系的天使投资团体。

根据天使投资协会公布的数据，2014年天使投资团体共计投出240亿美元，支持了73万家初创公司的发展，平均每家初创公司得到了33万美元的资金，而同一时期，风险资本在单个项目上的投资规模约为1 100

万美元。普华永道和美国风险投资协会共同发布的《货币树报告》显示，2014年，美国的风险投资机构共计为4 412次融资交易投资了503亿美元。对于我们公司而言，我们关注早期阶段的融资项目，每一轮的投资金额为50万~100万美元。更成熟阶段的创业公司的融资规模相对更大，因为随着业务发展，产能扩张、营运资本支持以及为提高市场占有率而进行的推广活动所需要的资金也在迅速增长。

美国天使投资协会有超过240个会员单位，大部分是天使投资团体，囊括了13 000多名个人投资者，除此之外，还有一部分线上风险投资机构和少数家族投资办公室等。这些机构的具体名单可以参见https://www.angelcapitalassociation.org/directory/。

线上风险投资平台

风险投资行业里最近出现的新事物，正是上文提过的线上风险投资平台。这些机构的发展势头迅猛，极大地提高了1 000万名合格投资人参与风险投资的便利程度。而且，这无疑也在一定程度上降低了创业者的融资难度。

这些线上机构积极地邀请创业者从平台上的投资人手中筹集资金，有些机构甚至会给它们的投资人提供几十个甚至上百个备选组合，它们的投资倾向于种子阶段和早期阶段的创业公司，投资于每家公司的金额平均不超过100万美元，远低于传统风险投资机构的投资水平，却更接近天使投资团体。有些线上股权众筹平台甚至会向在平台融资的创业者收费，所以务必当心！

该领域的佼佼者包括FundersClub、Seed-Investment和AngelList等。这些公司的运营方式就像在开一个出售公司股权的百货商店，将大量的创业公司和潜在投资人撮合到一起。它们通常会扮演一个超级天使团体的角色，将众多个人投资者联合成一个群体，统一进行投资。

这些线上机构都声称自己对每一个融资项目都做尽职调查，不可否认，其中一部分机构确实会做，但是线上这么多融资项目，我们有理由怀疑它们执行的尽职调查是否真正到位。以我们自己的例子说明，我们要从上百个项目中精挑细选出一个供投资人决策，每年基本上只能为投资人提供 4~8 个项目。鉴于这些线上机构不加筛选地保留如此大量的投资标的，我们也很怀疑它们到底能为创业者在多大程度上提供额外的指导和帮助。

不管怎么说，对于资金需求量不大的创业者来说，通过线上风险投资机构融资也是一种可行的方式。但是，若我们对其无法为创业者提供有效支持的猜测是真的，那么这在一定程度上会降低创业公司成功的概率，因为这些线上机构还太年轻，没有实现成功退出的记录，投资人和创业者很难参考。

最近，受利好政策的影响，该领域又有了新进展。美国证券交易委员会于 2016 年年中颁布了进一步放宽投资者准入门槛的法案（《促进初创企业融资法案》第三部分），允许投资机构从非合格投资人手中募集资金，非合格投资人的财富净值以及收入水平均未达到美国证券交易委员会指定的合格投资人标准。Seed-Investment 就是一家受益于此法案的线上投资机构，它同时从合格投资人和非合格投资人手中募集资金，并为他们提供服务。

美国证券交易委员会对合格投资人的投资规模限制非常严格，这样一来，创业者为了筹集到足够的资金需要接纳数量庞大的投资人作为股东。应付这些缺乏专业经验和资金实力并不雄厚的投资人并非易事，我们很难想象创业者要如何处理这些棘手的行政事务，或者这是否会是一个问题，现在下判断可能还太早。此外，利用线上机构融资，创业者在一年内筹集的资金数量也是有上限的。

尽管有诸多烦琐的规则和限制，风险投资领域的新进展确实为创业者开辟了新的融资渠道。也许这些少数群体真的可以帮助优秀的创业者成立公司，推进项目发展，并坚持到他们可以获得传统风险投资机构资金支持的那一天，到那时他们就可以继续扩大规模并为实现成功退出而努力。只有时间能回答这一切，让我们拭目以待。

第九章　最终测试：尽职调查

风险投资人既是狩猎人又是采集者，他们从众多创业者和创业计划中挑选出最优秀者。他们凭直觉一旦察觉到可能有大赢家时，就会立刻着手收集和分析数据，这个过程在业内被称为尽职调查。所有专业的风险投资机构都会进行不同程度的尽职调查。

尽职调查真的那么重要吗？

尽职调查对投资成功的概率到底有多大影响？如果大多数项目都以失败告终，那么尽职调查不是在浪费时间吗？尤其对于种子期和早期阶段的投资项目来说，会不会有太多不可控的变量和偶然事件以各种方式影响尽职调查结果的可靠性？

有些人可能会认为，从长期来看，尽职调查并没有实际作用，成功的投资在大多数情况下仅靠运气。这听起来是不是很像我们在历史书中读到的拿破仑？为取得战役的成功，他最大的诉求就是让运气好的统帅来指挥军队。几乎没有可靠的实证研究能证明尽职调查确实提升了投资成功率。即便是规模很大的知名投资机构，也只有 15%~20% 的投资项目能赚到钱，能实现本垒打的项目更是凤毛麟角。

尽职调查真的能帮助投资人选出赢家或者减少亏损项目的数量和金额

吗？还是对于普通投资者来说，它仅仅是一粒安慰剂？很多时候投资人的成功率就好像赌场里的“庄家赔率”，严格的尽职调查能帮助他们摆脱无法掌控的命运吗？

我们认为，尽职调查不仅有价值而且非常有价值，这一点毫无疑问。那些风险投资机构之所以年复一年地取得巨额收益，相当一部分归功于严格审慎的尽调调查。当然其中也有其他因素，比如它们可以更早地看到好项目；由于在业内声誉较高，它们可以优先于其他人与看中的企业签约。但必须承认的是，正是完善而成熟的尽职调查体系和操作准则赋予了它们快速判断公司是否优质的能力。

给创业者的警示：小心几乎不做尽职调查的机构

作为一名创业者，你可能会奇怪，我们为什么会跟你强调尽职调查的重要性，却并未在本书前半部分向投资人重点介绍它。答案是，一家风险投资机构是否做扎实的尽职调查对创业者非常重要。

如果你遇到了一家几乎不做尽职调查的机构，无论你多么迫切地需要资金，我们都建议你不要与它合作，寻找其他机会吧。因为几乎不做尽职调查的机构在投资人那里缺乏公信力。事实上，它们可能置结果于不顾，仅仅为了从投资人手中赚点儿管理费。有些众筹机构甚至会向融资方收费，它们从没有将精力放在如何通过协助创业者成就事业，从而为投融资双方创造超额收益上。

如果没有尽职调查这一过程，投资人很难理解创业者想要达成的目标，很难评估创业公司团队是否有执行力，更无从得知应何时何地、通过何种方式帮助创业公司渡过难关，要知道，困难可能随时出现在公司发展过程中。

尽职调查的收益难以量化

当寻找风险资本支持时，创业者究竟要花费多少时间和精力成本？投资人在尽职调查中付出的时间和精力到底能获得多少回报？虽然顶级风险投资机构会告诉你，严格审慎的尽职调查至关重要，但这些问题确实难以回答，不同的人会给出截然不同的答案。

在一次由顶级会计师事务所赞助的论坛上，一位创业者现身说法，将自己接受风险投资机构“体检”的经历向大家这样介绍道：

> 从积极方面看，如果你的经营一切正常并向好的方向发展，尽职调查会强化你在投资人心中的可信度，因为他们在调查后会认为你将在融资后继续按照之前承诺的方式带领公司发展。但从消极方面看，你会耗费大量时间和精力，一遍又一遍地回答或准备应对众多潜在投资人提出的大同小异的问题，直到成功地拿到资金的那一刻。

不要犯错：尽职调查确实很重要

风险投资机构是其他投资人资金的受托管理人，风险投资机构要么从其他机构（也是其他资金方的受托管理者）渠道募资，要么从高净值合格投资人手中募资，这些机构或高净值客户对投资损失的耐受程度相对较高。尽管如此，风险投资人的工作却需要细致谨慎，在投资内生风险很高的初创企业时更要非常谨慎。投资人期望得到的是在几乎所有资产类别中最高的收益水平，所以想想看投资机构所承受的压力吧（当然它们的投资人也在承担压力）。它们将大量资金投入创业公司却没有对公司的实际控制力，而且要为最后的回报负责。如果创业者根本不了解市场和自己所从事的事情，或者根本没有考虑和计划应该如何应对公司的主要风险，那么所有人都赔钱就几乎是板上钉钉的事情。

解决上述难题的方法就是尽职调查，这是现实情况的需要。尽职调查是一个法律术语，用于描述在做出决策前将所有情况审慎核查。毕竟，我们在做决定前谨慎一些，总比在投资后后悔要好得多。

尽职调查究竟调查什么？

风险投资机构一般会询问大量基础的，甚至听起来很愚蠢的问题，这些问题有时似乎是给 10 岁小孩子准备的，但这非常必要。通过这些简单问题的答案，风险投资人足以感知你的公司到底在做什么样的事情，并通过进一步分析推测出项目成功的概率。

对任何一个主题都从零开始了解，并提出看似简单但能阐明公司情况的问题，并不是一件轻而易举的事情，这是非常严肃和令人紧张的。风险投资人在人们的印象中应该是聪慧机智、经验丰富、学识渊博，甚至可能是有些狡猾但有巨大能量的金融家，但在这一表象后往往潜伏着他们对未知或不可知事物的恐惧。

尽职调查中的核心问题其实是非常基础性的：这家公司做什么或生产什么产品？它如何运转？谁是它的客户群？消费者为什么会购买？它能卖出多少产品？生产成本是多少？产品能被量产吗？消费者愿意购买吗？创业团队里究竟是什么样的一群人？他们为什么能够以及怎么样冲破重重阻碍并取得成功？他们会在竞争中失败离场吗？他们会是好的合作伙伴吗？或者即便能成功，他们也不值得自己付出吗？

一而再、再而三地，一位真正的风险投资人必须暴露自己的无知，这不是一门需要向他人展示聪明才智的生意。在尽职调查过程中，风险投资人会暴露自己的弱点。

当然，在看起来脆弱的表象之下，风险投资人包裹着一层坚硬的保护壳——他们手上有现金，而创业者想要得到现金。创业者不久之后就会发现，投资人的问题开始变得棘手，悟性很高的创业者意识到那些看似简单的问题背后都隐藏着重要目的。风险投资人在寻找关于公司优势和劣势两方面的证据；他们在寻找本垒打机会的同时，也在小心地求证可能会导致悲剧的缺陷，甚至是任何可以提示他们不要投资的危险信号。

尽职调查的过程

尽职调查的过程是相当直截了当的。投资人在首次办公室会晤后的数个星期内打来电话，告诉你是时候推进下一步的工作了。投资人会告知你到访的具体日期，并会询问你是否可以召集核心团队举行一个“评测会议”。除非确实有万不得已的情况，否则你一定要取消任何安排，不要让对方感觉你的档期已满。你需要他们的资金，而筛选的第一道关卡就是衡量你是否真的需要风险资本的支持，以及你对拥有一个风险资本合伙人的态度。既然风险投资人已经向你释放了有投资意愿的信号，他们当然希望得到你全部的时间和关注。

一旦尽职调查会议敲定，创始人务必确保其他核心管理人也能参会，如果投资人到了现场后发现销售负责人正在出差途中，或者产品开发负责人正在参加一个设计会议，他们就会很失望和沮丧。全体高管随时就位等待参会，这是一项基本的商务礼节，遵守礼节本身就是你释放出期待合作的重要信号。如果你按照投资人的要求安排好了一切，那么他们很可能推断你对其他重要客户也是这样做的。

例行的介绍环节包括了解公司历史和重要团队成员的背景信息，如果生产环节和基础设施对公司很重要，那么在此之后，投资人可能会要求去生产车间实地走访，会与团队成员一起讨论商业计划、展示板、电梯演讲、公司标语中所展示的核心要素。

一位经验丰富的投资人从早期尽职调查过程中就可以对公司有较深入的了解，他的脑海中会生成一幅关于这笔投资优缺点的画面。此时，他会将来访前收集的背景调查资料与首次尽职调查的信息结合在一起，对你的公司做出一些基本判断，比如你如何进入该行业，在短期内快速抢占巨大市场的可能性大小，是否有成熟、可实施的快速占领市场的策略等。

当然，风险投资人的背景也各不相同——有些曾管理过工厂，有些擅长与资产负债表打交道，有些特别关注“人”的因素。在前奏阶段，创业者一定要将注意力放在“人”身上。在开始进入尽职调查这段旅程前，创业团队最好对投资人的需求和兴趣点有足够了解，以便更有效地与他们进行沟通。其中一种关键的能力是快速理解投资人的兴趣和需求，这意味着创业团队有良好的倾听和理解能力，因为创业公司必须认真地倾听消费者的意见，有效地捕捉并满足他们的需求。

创业者在带领投资人参观生产设施或工厂时，反复强调公司的人和资产的优势是非常重要的。请确保在参观过程中也顾及创业团队中的其他重要成员，营造出一种不断地进行思想碰撞的活跃氛围，这会给投资人留下良好的印象。同时，参观期间也是向投资人演示你们的工程样机或者产品样品的好时机。你可以介绍产品在制造、销售和市场推广等环节中非常有趣的特点，以增强你的公司在投资人眼中的独特性，你也可以现场演示设备或服务是如何运行的。

初次尽职调查会议通常耗时很短——一般就半天时间，因此，务必将精力集中在信息含量最大以及最吸引人的部分，向投资人阐述为什么消费者想要买你们的产品，以及公司会赚大钱的逻辑是什么。

当然，考察工厂不仅是投资人判断产品或市场是否具备独特性的机会，而且是一个向投资人展示和说明自己的机会：为什么你拥有别人想要购买的产品？为什么公司收入和利润的快速增长即将实现？公司可能的增长和变革路径是什么？投资人也会尝试判断公司到底需要多久可以实现规模化收入、正向现金流和盈利，尤其当这三项任务都是创业公司近期目标的时候。

在考察工厂之后，投资人通常会转向商业计划，并向管理层提问，有些问题比较宽泛，但有些可能会很具体，涉及市场、竞争、前景和财务预测等方面。

尽职调查提问的关注点

通常来说，创业公司所处的阶段越早，如种子阶段、初创阶段、A轮融资阶段，投资人对创业团队本身及其能力方面的问题会更多。对于早期阶段的投资人来说，“骑手”（创始人及管理团队）更加重要，对“赛马”（具体的商业或市场机会及实施细节）的关注度不会太高。越接近晚期阶段，毛利润、增长率、规模、现金流转正及实现盈利的时间等问题就越重要。

在早期阶段，公司管理团队一般不完整，通常只有一名骑手，指导员、马夫、马道工作人员等尚未就位。在寻找风险资本前，创始人应该研究一下管理团队的软肋，并制订一个改进计划。此时，团队的潜在新成员可能不想在公司获得融资以前公开自己的身份，因为公司可能尚无力支付他们的酬劳，抑或公司因缺乏资金只能挣扎度日。不过，创始人可以将目标人选的情况详细地介绍给投资人，使他相信一旦资金就位，一个完整的管理团队会立刻组建。

有着丰富经验的风险投资人当然既要找到好骑手又要找到好赛马。公司所处阶段越早，管理团队的重要性就越突出，因为风险投资人对管理团队是否有能力实现最初的一笔销售非常关心，迈出销售的第一步意味着公司成为真正意义上的商业概念，而不再仅是一个创业概念。在投资早期阶段的项目上，投资人想要了解所投入的资本将被用在何处。通常，这个阶段的融资会被用于实施产品的市场推广策略，所以这个策略将被投资人仔细地推敲。

在一个处于晚期阶段的公司中，有形资产和显形、隐形负债同时存在，投资人会观察公司如何配置和使用这些资产以配合战略的实施，同时也会分析公司使用之前筹集的资本金的效率及其发挥的效用。投资人进而判断公司到底是否需要更多资本金，并衡量做出这笔投资的上行机会和下行风险。投资人非常关注轻资产运营类公司（比如软件开发类创业公司）的下行风险，每个人都知道马克·安德森那句“软件吞噬世界”的论断，但讽刺的是，在现实世界中，软件也可能吞噬公司。如果一家创业公司的产品或SaaS（软件即服务）高度依赖创始人，那么投资人的判断就要基于对创始人的审慎调查。

风险投资人要分析创始人到底是一名商业实干家还是空想家，他（她）在其所从事的行业或创业领域中是否有足够的实践经验和知识储备。风险投资人可不是要手把手地教创业者如何做好一门生意，由于风险投资圈里集中了太多商业通才，所以投资人希望创业者在其专业领域内具备特定的知识和技能，以保证创业公司在本领域内取得成功。

风险投资人愿意为这笔投资支付多少对价以及提供怎样的条款，很大程度上取决于他（她）在本次现场寻访中建立的印象以及投资人评估所获信息后得出的结论，所以千万不要有所保留，投资人无意剽窃你的创意和产品。在内部交流活跃的风险投资圈里，剽窃他人成果的行径会让投资人声誉扫地，再无生意可做。切记，对投资人要像对待一个值得信任的合伙人那样，知无不言，言无不尽。

对投资人以礼、以诚相待的重要性

一个投资人最糟糕的感受莫过于当交易结束、投资款也就位后，创业者忘记了自己的存在。事实上，创业者并未将投资人视作能给公司助力的合伙人的情况，时有发生。创业者希望拿到的是无任何附加条件的资金，从而他们可以继续按照自己的思路经营公司，而不用理会在公司治理和经营上的外部掣肘。

由于创业者通常都非常独立且有才干，因此有些人认为，除了资金以外自己无须其他任何形式的帮助，这种独善其身的态度并非绝不可行，但前提是创业者真的有能力搞定一切。事实上，这种态度不可取，因为几乎所有创业者都必然要向投资人开口寻求帮助，无论这个帮助是额外的投资、客户的引荐或者一点儿鼓励，还是在艰难时期的有力支持。一旦投资人意识到创业者并未把自己当成合伙人，那么创业者的麻烦就来了，因为只要风险投资人进行了投资，他们就希望能被当作最好的客户对待。

当AOL刚挣脱濒临倒闭的困境而进行重组后，新任董事会主席兼首席执行官吉姆·肯西给予了投资人最高级别的礼遇和全心全意的优待。吉姆·肯西曾是一家餐厅和一家酒吧的老板，在所有有才干的优秀领军人物中，无疑他是头脑最清楚的，他知道公司的投资人就是最好的客户。肯西清楚地意识到，公司需要投资人投入更多资金，也需要他们的十足耐心和信心。他很清楚如何给投资人最好的礼遇——预定最好的位置，提供一份冷饮，奉上一杯好茶。

肯西将精力放在与投资人维护良好关系上，而负责市场的副总裁史蒂夫·凯斯则聚焦于公司的产品研发、营销方案及种子用户积累等工作。肯西与史蒂夫的配合让AOL的奇迹得以实现。AOL的投资人囊括了美国众多主流机构，拿捏和掌握每个人的需求和喜好绝非易事，尤其是对于一家曾濒临绝境并脱胎换骨的公司来说，更为艰难。

有些创业者可能认为在尽职调查的初期阶段，吊一吊投资人的胃口并装出一副并不热衷于融资或不缺乏资金的样子是最有效的方式，他们通常会隐晦地透露有多家机构在跟踪，暗示投资人要尽快做出决策。这种方式可能对行业新兵或者急于出手的投资人有效，短期内可能会为公司带来更高的估值，但长此以往势必破坏双方的合作关系。风险投资机构一旦发现自己付出的价格过高或者被迫太快做出决策或者没有得到足够多的信息，那么在后续融资中，它们一定会将这笔账算清楚，要求双方扯平。

在与风险投资人的交流过程中，创始人最好不要表现出“一切尽在掌握之中”的态度。投资人更愿意支持有自信的创业者而不是傲慢自大的创业者。帕特·莱尔斯，哈佛商学院的传奇导师和位于波士顿的投资公司Charles Rivers的管理合伙人，曾说过这样一句话：“我愿意投资那些心怀抱负的人，而不是那些自负到出现幻觉的人。”

一个骄傲自大的头脑对融资没有任何帮助，投资人希望通过尽职调查得出的结论是，这位创业者是一位有远见卓识、宏伟理想、高瞻远瞩、格局宏大的人。随着近年来越来越多的投资机构专注于寻找本垒打项目的机会，一位手握价值数百万美元甚至数十亿美元潜在机会（因为稀缺，所以估值超过10亿美元的创业公司被称为独角兽公司）的精英创业者，已经成为众人关注的焦点。当然，在一个高度竞争、飞速发展的商业社会中，要想把梦想变为现实，既要有仰望星空的思索，也离不开脚踏实地的苦干。

创始人恰如其分地表达自己的致富愿望也是可以为自己加分的。投资人所做的尽职调查不是在寻找野心勃勃的商业帝国缔造者，而是要锁定可信可靠的“摇钱树”。想要找到志在拯救和改变世界的“摩登信徒”当然没错，但风险投资人很清楚，改变这个世界有多么困难，更不要说拯救世界了。风险投资机构当然不会投资那些被认为对社会有害的项目，但它们将预期收益的高低作为决策标准，最终找到所有备选项目中预期收益最高的那个。因此，这些创业项目只要不会对社会产生负面影响，关键就看它们能不能赚钱了。

时间就是金钱

不停地寻找优质投资机会的风险投资人通常没有太多时间进行尽职调查，出现好机会意味着有很多同人在追逐它，每个人都试图以最快速度达成目的。在如此激烈的竞争环境下，制胜的法宝并非降低尽职调查标准，而是先发制人，早于其他人找到好机会，从而掌握时间上的优势，同时把精力放在最重要的尽职调查问题上。

我们在前面说过，对于种子阶段、初创阶段或早期阶段的创业公司来说，投资人做尽职调查的重点往往落在了解创业团队上；对稍晚阶段的创业公司的尽职调查，投资人则会重点考察整个团队的执行能力。所以，问题的关键就是创业团队是否有一套关于如何扩大规模并实现资本退出的可行的路径方案。

最近，芝加哥一家名叫Cleversafe的创业公司，因专注于大容量数据存储和安全业务被IBM以13亿美元的价格收购，这家芝加哥风险投资史上最大的科技独角兽公司实现了成功退出。这次并购造就了80多位百万富翁，他们大多数来自芝加哥本地，其中一些人是Cleversafe的员工。他们现在又将这部分收益重新投入了芝加哥当地的其他创业公司中。

早期参与Cleversafe A轮融资的投资者并没有太多做决策的时间。我们当时的公司巴特森资本，从多个可靠关系网的人口中听过这家公司的名字，随后在一场科技论坛上，我们遇到了出席论坛的Cleversafe的创始人克里斯·格拉德温。格拉德温通过演讲向我们展示了他独特的解决方案：将大数据拆分成小切片，将众多小切片上传到云端多个服务器中，当需要调用数据时再利用独特的算法将其重新组合。格拉德温在此前曾成功地创办过几家早期阶段的创业公司，因此，他组建团队执行其创业方案的能力也得到了验证。这真是令人激动！

我们对Cleversafe投资的决定在格拉德温在论坛上做演讲时便敲定了，随后的尽职调查也迅速展开。一位富有经验的风险投资人的确可以如此快速地做决策，而经验尚浅的投资人会花更多时间在寻找和分析投资机会上，所以可能在不经意间与最优质的投资机会擦身而过。

写给初入行的风险投资人

对于刚开始从事风险投资的新人或经验尚浅的投资人来说，给尽职调查预留足够长的时间非常重要，这样的安排能最大限度地帮助投资人降低失败的概率以及减少损失，当然这也会在一定程度上减少投资成功的数量。但是在起步阶段，更少的损失比投中成功项目更能让年轻的投资人免于出局。（研究结果表明，人们面对同样数量的收益和损失时，损失带来的痛苦远大于收益带来的愉悦。）所以，花点儿时间在必要的尽职调查上，尽量避免损失就是取得成功的策略。

经验丰富的投资人（据测算，平均亏损1 500万美元才能培养出一位风险投资人）可以通过提高速度承担更多风险，他们有能力快速地判断哪些项目更可能成功或失败。理想的路径是既有充足的备选项目（这需要以经营好关系网和保持良好声誉为前提），又有足够多的时间和精力深入调查，数量多少和程度深浅取决于投资人经验的多寡。

即便再勤勉再谨慎，正如那句行话所说的，一个风险投资人只有在正式参加投资企业的董事会会议时，才能真正地了解公司的现状。风险投资是一个持续的过程，投资人在其中逐步深入地了解创业团队、行业、市场、产品以及竞争格局。随着信息不断丰富，以及因资本退出而实现的收益增多，风险投资人会接着用这些钱和来之不易的经验、知识继续做投资。

无论是因为投资人经验丰富可以快速做出决策，还是他们可以花费大量时间通过刨根问底、抽丝剥茧探究事情真相，尽职调查都非常重要。因为大多数风险投资人平均会从看过的 100 个项目中挑选 5~10 个进行尽职调查，最终只投资其中 1 个项目。简而言之，项目筛选和尽职调查过程的核心包括三个部分：

（1）把瘸子筛选掉。

（2）将只会走路的人筛选掉。

（3）将那些具有获得奖牌潜力的奔跑者留下，投资他们！

写给经验尚浅的投资者

与经验老到的投资高手一起工作或投资，是新手投资者入门的最好途径。由于个人投资者想要参与负有盛名、历史悠久且业绩良好的风险投资机构几乎是不可能的，所以跟随有经验的投资者或依靠一个可靠、有良好历史业绩且对个人投资者开放的风险投资机构，是一种有效的选择。

近年来，追随最优秀个人投资者的渠道被不断开发出来，尤其是通过一些进入门槛很低的线上风险投资机构。其中一个典型代表是 AngelList，该机构向大众提供跟随业绩良好的投资者一起投资的机会。这些个人投资者承担了风险投资机构的工作——寻找投资机会并进行尽职调查，然后将所有有意向的投资者（包括缺乏经验的）组织起来一起参与投资。

除此之外，还有FundersClub等线上投资机构也为个人投资者提供了为数众多的投资项目。这些新兴平台为新手投资者提供了与富有经验的投资者一起投资的机会，让他们可以搭上合格投资人的便车。如此，新手投资者可以参与到游戏中，而不是仅仅站在局外观望。这种机会也要比跟着亲友或者本地的天使投资团体更加靠谱。

在此要提醒一句，如此多的线上投资机构在向社会提供大量的投资机会，所以投资者务必提高警惕，这些项目的质量以及在AngelList上发起投资的投资者的能力，都是值得怀疑的。尽职调查的标准到底有哪些内容？类似的平台每年做40多笔交易，但这需要一个非常强大的尽职调查团队，并投入大量资源才有可能实现。现在我们对这种模式是否行得通还不能下定论，因为多年来，在投资机构实现规模化这件事情上尚未形成成熟的路径。

此外，尽管这类线上投资机构为创业公司募集了大量资金，也为投资者提供了很多机会，但这些机构的历史还很短，暂时还没有项目实现退出。更何况，在他们提供的项目中，很多项目还处于种子阶段，仍需要后续大量资金的投入才可能继续生存和发展。因此，只有时间才能告诉我们线上投资模式能否行得通。

VCapital是一个全新的线上风险投资机构。其他低门槛的线上机构在可信度和投资路径方面均无法与VCapital比肩。VCapital的核心人物在风险投资领域拥有30多年成功投资的经验，在此期间由他主导的投资项目为全体投资人获取的年化回报率高达28%，获取收益的金额是初始投资金额的3.6倍。从专业角度衡量，获得3倍以上的收益已经相当成功了。过去，我们的投资团队所发行的基金没有一只是亏损的，单只基金的内化收益率从 14% 到 159% 不等。在我们参与投资的处于早期阶段的创业公司中，有 3 家公司的估值超过了 10 亿美元，其中包括我们参与创建和重组的 AOL，AOL 被时代华纳收购时创造了并购史上的最高价格纪录。合并后的新公司市值一度达到 3 640 亿美元。VCapital 创始人莱恩最初投入 AOL 的 100 万美元，1999 年并购前就已经价值 46 亿美元。

与莱恩团队之前的投资风格一样，VCapital 在项目筛选上继续坚持非常严格的标准，每年仅精挑细选 4~8 个优质项目，其中一半来自美国中西部地区，另一半来自美国其他地区，回避了与同行在硅谷等热门地区进行激烈竞争的状况，从而可以投资具有高性价比的项目，为更优质的项目付出相对较低的价格。

VCapital 的很多成员都曾是创业者或参与过创业的人，因此他们可以清楚地知晓每一个项目中蕴藏的商业机会，每一个我们跟踪的项目都会被透彻地研究以增加投资成功率。VCapital 团队会做到有的放矢，而不会在黑暗中随意投掷飞镖。（随意做的人要么缺乏相关行业知识和投资经验，要么根本没有做好尽职调查。）

考虑到以上所有因素，我们给新手投资者的建议是把眼光放长远，不要被眼前的蝇头小利蒙蔽。但更要牢记，在起跳之前先观察周边环境，落入失败的陷阱可是一件非常糟糕的事情。

第十章　找到融资交易律师

在与风险投资机构谈判的过程中，你需要一位战友。他能审时度势地指导你如何与投资人沟通，也能在恰当的时候说“是”或者“不是”。而扮演这一角色的正是融资交易律师。

律师分工不同，各有所长

律师根据他们从事的细分领域不同而被分为很多种，不同类型的律师从事的具体工作也有所不同。

有的律师专注于人身伤害诉讼。房地产律师可以处理与房地产相关的所有事务，比如开办一家房地产有限合伙企业或清理房产；专业的劳动律师只从事与劳动事务相关的法律工作，其工作范围涵盖从职场年龄歧视诉讼到美国劳动关系委员会的应诉等。

有的律师是专业的出庭律师，他们擅长将你带离法庭。即使是在商业律师这个领域，也依然有很多分支：有些律师专门处理大公司事务；有些律师专注于证券交易事务；还有一些律师是涉税事务专家，他们可以帮助你合理避税。

如今，一些新型的线上律所开始崭露头角，你在网站上填写好相应表格，即可享受他们提供的近似私人律师一样的服务。还有一些非主流的律师会将自己承接的案子分包给一些不入流的小律所，从而从中赚取差价。另外，部分律师已不再按工时收费，而是针对特定案件收取固定费用。

此外，一些律师知道如何使用最新的文件分析软件，采用自动化方式在浩如烟海的资料中快速检索出所需内容，最终降低了成本。人工智能时代即将到来，随着技术的推广，分析文件、事实及法律案例等工作将由人工智能软件执行，这大大提高了律师们的效率并节约了成本。

创业者为什么需要一位融资交易律师？

对风险投资交易中的法律事务，创业者需要一位懂行的律师告诉他们“可以”或者“可以，但是……”。扮演这个角色的，正是融资交易律师，从事这个专业的人很少，因此很难找到他们。而大多数律师只会说“不可以”。

正统法律教育在培养这帮未来从业者时，要求他们凡事都要想到可能降临在客户身上的最坏情况，然后给出由此可能引发的各种灾难性后果。在现实生活中，往坏方向发展的事情的确比往好方向发展的事情多，所以这种关注风险的做法无可厚非。这种方式可以带来更多的计费工时，而且客户也愿意为之付费，因为这样做可以为他们控制风险或者使他们从麻烦中脱身。

在法学院，这种现象被称为“脂肪警示群”（Cloud of Fat Caution），这种教育使得绝大多数律师很难注意到或者相信他们所经手事务中的积极方面。鉴于人类回避风险的本性以及律师工作中要经常与人性黑暗面为伍的状况，这种悲观的视角似乎并不出人意料。

创业者天生就是乐观主义者，至少是现实的乐观主义者，他们更愿意看到的是事物的积极方面而不是律师眼中的黑暗面。创业者做的是创新和推动事物向前发展的事情，而大多数律师选择保守和自我约束。

创业者需要的融资交易律师，是既要懂得生意的运作又要清楚如何将法律适用在商业决策上的人。他们不仅是律师，而且是值得创业者信任的商业顾问，既可以为决策建言献策又可以提供法律支持。他们既不会带入负面的偏见又不会阻碍融资交易的达成，他们有能力保障创业公司的利益。

融资交易律师了解风险投资流程

融资交易律师必须熟知风险投资的全流程，这可不是一般律师能够做到的事情。熟知风险投资及相关法律事务，意味着在很多缺乏经验的普通律师眼中值得审视的问题，在融资交易律师那里可以得到妥善的处置和安排，而且绝不会小题大做。

如果一位律师确实优秀，那么他（她）一定具备对多方无法达成一致的问题提出解决方案，进而化解争议的能力、经验和创造力。如果主要的焦点问题能在交易结束前提早解决，那么创业者和投资人之间的很多潜在冲突就能避免，否则他们就会在交易即将结束时爆发冲突，增加麻烦。

一些值得思考的现实问题

在所有风险资本投融资交易中，交易相关方签署的文件真的那么重要吗？一旦资金所有权转移至创业公司手中，联系创业者和投资人的纽带就应该是信任和信心，他们一次紧紧地握手足矣，不需要时刻翻阅纸面约定。

话说回来，如果在得到资金后，创业公司没有合理地利用资源使公司发展壮大，而是毫无进展、一事无成，那么无论文件里如何约定，投资人也是一筹莫展，只能自求多福。如果创业者始终与投资人保持礼貌的距离，凡事公事公办，而不把投资人看作真正的合伙人，那么在下一轮融资中（对于创业公司来说，继续融资几乎是必然的），投资人就不会再像值得信任的合伙人那样尽心尽责，甚至有可能趁机榨取利益。合格的融资交易律师十分清楚其中的门道，俗话说，有好篱笆才有好邻居，所以在进行风险资本融资中，敞开心扉是最好的选择。

找到合适的法律顾问

大多数的一线城市都有一些经验丰富的风险投资律师。在风险资本集聚的大都市中，人们往往更有可能找到优秀且经验丰富的风险投资律师，而一位投资人的引荐可能会让你更容易结识他们。

工作地在小城市或城镇里的创业者，可以请本地的律师、银行从业人员、中间人或会计师代为引荐。如果周边缺乏相关人才，你也可以采用替代方案，在本地找到有意愿从事融资交易顾问业务的律师。当地律师为了开展业务会通过自己的关系网向其他地区有经验的人学习相关知识和技能。要知道，在行业里，律师将自己不擅长的业务分包给其他律师是很常见的行为。

你无论最终选择哪家律所，都要保证首席律师亲自参与融资交易工作，或者至少全程跟踪和指导执行律师的工作。大型律所的问题在于，首席律师承接案子以后会把工作交给其他律师，接手的律师又层层下派任务，这样导致因内部烦琐的沟通产生了很多计费工时，你还要为最终承接工作的执行律师支付费用，最终的账单金额一定会相当可观，并且律师团队规模将非常庞大，甚至劳动、税务、证券及相关领域的专家都会被邀请进入团队，但是团队中的人越多，沟通中出现的误差就越大。好的律所要像他们自己能做好独立工作那样管理好自己的团队。

还有一个重要因素是一定要确保被选中的律师或律所，在核心商业条款确定后，有能力立刻做出是否应该接受投资的专业判断，接着草拟协议，最终推动交易快速完成。

速度至关重要

你在进行融资交易的过程中，商业环境和投资人预期随时可能发生变化，所以一旦核心条款确定下来，你的风险投资交易律师能否快速推进协议撰写工作，并尽快与投资人达成一致，将对全局产生非常重大的影响。你的律师如果过度强调对己方的保护，或者对融资交易并不熟悉，就可能会把整个交易搞砸，投融资双方永远也无法达成一致，其间风险投资人也会倍受煎熬。

有经验的风险投资律师知道哪些条件是重要的，哪些是可以一带而过的，而哪些是真正需要反复磋商和谈判的；他同样知道，一旦协议签署，交易完成，这些法律文书即会被归档，束之高阁，在绝大多数情况下不会被再次打开。创业者与投资人保持良好的互动比每天看着这些文件咬文嚼字重要得多，创业者需要时时维护双方良好而积极的关系。

很多法律条款大体相同

通常，一份风险投资协议中有很多条款都是格式条款，不同项目的协议文件中大部分内容都是一致的，只有在资本结构、融资金额、投资人及交易律师等部分有区别。律师越多，文件可能越复杂，因为每个律师都想展示自己的贡献，无论出于让客户满意或保护客户利益的目的，还是出于自身多赚钱的考量。

依我们的经验，上百个投资项目从开始到退出，几乎没有将协议文件再翻出来阅览的事情发生。无须重读的原因在于，投资的结果非常清晰，无非是赔光或者因公司发展良好而有钱可赚，所以实在想不出投资协议文件的用武之地。当然也有例外情况，如果创业公司经历了多轮融资，投资人数量众多，资本结构复杂，甚至明确约定了优先清偿条款（比如，谁可以在什么顺序得到多少比例的清偿资产等）的时候，重新研读协议文件就变得非常重要且必要了。

构建信任而非激发诉讼

总体来说，风险投资人宁愿承担一定成本，也希望避免自己出现在法庭上。除了对未来生意的影响外，一旦投资人因风险投资交易事项被迫走上法庭，这通常意味着这笔投资将要损失或者已经损失了。

尤其是脆弱得不堪一击的初创企业（大多数公司都如此）几乎无法承受严重的指责和诉讼。在以信任为基础的生意里，信任一旦破裂，就会出现一地鸡毛的窘境。风险投资人希望成为创业者的合伙人，而不是诉讼时的对方当事人。

常规流程

通常情况下，风险投资人的律师会起草交易所需文件的初稿。钱是从投资人手中拿出来的，所以最好由他们的律师先启动流程，投资人可能会因此获得一点儿谈判优势，但是由于创业者对投资人专业的尊重，让投资人对自己更加信任比丧失这一点儿小优势要有价值得多。当创业者收到文件初稿后，应该立刻研读并发给自己的律师，请他们着手修改。

其实有很多高度标准化的风险投资文件可供你了解和熟悉这些流程，文件的形式和内容可能会随着交易本身情况的变化而有所不同。市面上就有一些专门介绍风险投资文件中的条款释义及其影响的工具书。

一般来说，投资人如果认为自己在这个项目上给出的估值是合理或偏高的，往往就会要求签署更严格的文件或增加其他保护条款，以便在出现不利情况时保障自己的利益。同样的道理，投资人如果认为交易中的潜藏风险较高，在大多数情况下就会要求增加额外的保护条款。这种方式比较常见，创业者应予以理解和尊重。戈尔德公司、托马斯和克雷西公司的创始合伙人，卓越且经验老到的投资人之一，已故的斯坦·戈尔德先生曾说："你若报价格，我就拟条款；你若拟条款，我就报价格。"一定要牢记，风险投资人一直在脑海中不停地权衡他的风险和回报，并根据源源不断的新信息飞速地做出调整。

接下来，投资人的律师会起草框架协议，而内容是经过讨论后各方形成的共识。紧接着，律师会与各方沟通确保框架协议上的条款已被各签署主体准确地理解和认可，然后完成签署工作。在某些时候，尤其是当交易比较复杂时，融资交易律师会要求改写框架协议，此时各方会坐下来进行充分讨论，然后融资交易律师再将讨论的结果以法律术语呈现出来。这虽然非常耗费时间，但是对那些在交易结构和条款上有重大创新的交易，这样做是很有必要的。

如果一笔交易是相对简单而直接的，那么重新起草框架协议就没有必要了，这只会让律师多赚一笔，毕竟大多数律师还是按照计费工时收费的。如果创业者需要支付投资人律师的费用，千万别不好意思，一定得问清楚计费工时大概有多少；而且要注意，随着交易推进，会有更多律师参与到这项工作中。不过一般情况下，投资人会自己支付他们的律师的账单，而创业者只需要支付自己聘请的律师的费用即可。

在风险投资交易中，最重要的协议就是股票认购协议，协议中会有各种颜色和阴影显示的强调内容。通常，风险投资人会选择认购普通股或可转换为普通股的优先股。风险投资人基本上希望两种都要，这样既保证自己享受普通股的权利，又能满足他们一定的流动性偏好（无论公司赢利与否，优先股股东均享有每年固定的股息）。股票认购协议中包含了以下重要条款：每股价格、股票类型、资金用途、董事会组成、上市请求权、财务报告、反稀释保护以及各种表决权和保证，比如公司保证所有税款均要按期足额缴纳、公司无债务违约情况以及依法经营等。

区别对待不同的法律情形

有些投资机构背后可能依靠不止一个法律咨询团队，因此创业公司需要在更多不同形式的文件和披露内容上予以配合。关键信息的披露至关重要，这样投资人便不会在参加投资后的第一次董事会会议时对负面消息感到惊讶。

与大多数生意一样，在律师允许的范围内，所有的事情越简单越好。一定要找那些会用最简单的方式完成任务的律师，不要浪费精力在起草文件这件代价高昂的事情上，这一点非常关键。

投资团体中领投方的律师要起到带头作用，他们需要收集和汇总所有投资人的法律意见，做总结后呈交到创业者的交易律师手中。有时如果创业者是与一个大型的风险投资机构谈交易，那么他需要同时应对投资机构的内部和外部顾问。投资人内部法律顾问通常扮演协调人的角色，并为外部法律顾问的工作打掩护，而外部法律顾问才是真正提出核心条款条件和建议的人。

有时，个别创业者会志在主导法律程序，甚至尝试在一些关键问题上占据优势。但这其实和做生意一样，在法律问题上最好以追求投资人和创业者的双赢为目标。签署法律文件的时间可不是比赛得分时间，而是要保证投融资交易能准确、全面、谨慎地推进。当这部分工作完成后，剩下的目标就是保持良好的关系，而曾签署过的文件通常会束之高阁，甚至被遗忘。

第十一章　资本如期而至，然后……

重压之下，以及在经历不懈努力之后，创业者终于成功地找到了潜在投资人，随后他们最大限度地展现自己，小心翼翼地谈判，并最终得到一轮风险资本。签署的文件现在已经被锁进文件柜里，创业者从内部庆功会后的宿醉中醒来（庆祝公司获得喘息之机，能够继续维持生计），账单已结清，融资交易律师费已支付，拖欠的款项被清偿，现在公司不仅偿还了让债权人几乎失去耐心的债务，甚至连那些不紧急的债务也一并还清了。此时此刻，现金流断裂的风险已成为过眼云烟。

但请一定要居安思危，真正的工作才刚刚开始——把公司做成功，要让你刚赢得的重要客户——风险投资人获得满意的回报。

现在你需要向更高的权力部门汇报——董事会

不久前你被投资人要求签署的文件中，有关于必须组建董事会（如果之前没有）或改组现有董事会的要求。事实上，一名准备充分的创业者通常会在融资前就组建好董事会。董事会一般由以下人员组成，包括公司技术方面的创始人、首席执行官、资深行业专家，还可能有一名律师。

第一轮投资人通常希望在董事会中增加至少一两个由他们提名的董事人选，他们推荐的人选既能为公司带来实际利益，比如带来实实在在的销售或行业资源，又能维护投资人的利益。随着公司不断地进行融资，投资人希望有更多代表自身利益的人进入董事会。

对于早期阶段的公司来说，一个五人规模的董事会刚刚好，其中两位来自管理层，两位代表风险投资人，还有一位资深行业专家作为独立董事。董事会规模如果再大，可能就会导致沟通与决策难度加大，进而以独裁者的胜出告终，而不会出现想象中集思广益、合作共赢的局面。

组建董事会的决定对于创业者来说很艰难，改组原有的董事会更是如此，因而要保证投资人委派的董事进入，就势必需要请现任的董事离开，而这些人是从创业伊始就全身心投入的元老，与公司一起经历了最艰难的岁月。

如果董事会中有太多投资人委派的董事（或者仅列席不参与表决），那么董事会开会的时间会被浪费在听取各机构的想法上。尽管有价格低廉却很好用的会议管理软件，但是董事会会议前半小时可能仅被用于协调各位投资人或董事的行程。提一个友善的建议：提前一年把所有的会议时间确定好，避免让参会人员的时间和地点互相打架。

做好变革组织架构的准备

一个早期阶段的创业公司会经历快速发展的过程，每年的营业收入至少翻番，也可能会在短时间内快速经历公司发展的若干阶段，甚至可能只需要 3~5 年的时间就走过一个普通公司 10~20 年的历程。

在一个时间更宽松的企业发展周期里，一般的人员流失速度和正常增长驱动的组织变化本身就能化解很多人事方面的问题。而在风险资本所扶持的创业公司快速增长的过程中，人的问题需要快速决策并予以解决。因此，与核心员工签署劳动协议和遣散协议，约定好继续工作或终止工作的条件是非常重要的。

风险资本进入公司给组织结构带来的最大变化，就是公司会增加一位CFO（首席财务官）。如果投资协议中要求对公司进行定期正式审计，那么这个岗位毫无疑问是非常必要的，因为在没有一位有专业经验的CFO的情况下，公司几乎不可能进行一次像样的审计。

另外，在风险资本进入后，创业者可以把“接班人计划”暂且搁置以节省时间。之所以一家有风险资本扶持的创业公司不太可能考虑接班人计划，是因为投资人的目标是在公司需要执行这项计划前就能实现退出。管理团队不能太庞大，相反，人员需要更加精干。此外，很多风险资本扶持的创业公司在早期就会失败，接班人计划自始至终都无用武之地。

预见复杂情况及管理挑战

与生活中大多数情况相似，牵一发而动全身，一个方面的变化经常引起连锁反应。创业者管理一个处于快速变革的商业组织所面临的挑战也逃不开这个规律，因此创业者需要预见可能引起的连锁反应并为之制订行动计划。你不需要自己刻意学习或者培育一个职业发展项目，但你要习惯边发现问题边学习解决问题，在实践中成长。

我们的经验是，最好设定清晰的工作职责和流程边界，这会使每一位员工都明确自己的角色定位。如果没有这些边界，公司很快就会出现混乱。早期阶段的创业公司充斥着很多进取的、有创业精神的人才，很多时候他们会本能地离开自己的电脑，主动地承担属于其他团队的工作，这样做的后果是显而易见的——冲突和困惑。

作为团队领导者，创业者必须预见类似的复杂情况，找到症结，并在小摩擦发展成组织里的火灾之前迅速做出调整，创业者就是防火队长。创业者还必须对员工的工作动力和产出的波动保持敏锐的洞察力。有些员工最初可能像一台发动机一样，但不久就偃旗息鼓了，而有些员工开始的进展相对缓慢，但在进入状态后就能以稳定的节奏发光发热，这种稳定的节奏才是整个组织所需要的。

公司在发展中寻找人才很重要

在把公司打造成“造富机器”的过程中，一个核心要素就是找到与公司发展阶段相匹配的关键人才。这并非易事，但至关重要。

你可以考虑很多可行的招聘方式，包括委托猎头，寻求投资人的帮助（别忘记我们之前说过的话，“不但知道怎么做，而且知道应该让谁来做”的重要性），董事的引荐以及在互联网搜索引擎中投放广告，除此之外，还有其他许多有效的方式。创业者也不要轻易地拒绝毛遂自荐的候选人，这种自带创业者气质的人很可能会与公司合拍，而且在当今的市场环境下，主动做事是成功和进步的关键要素。

上述任何方式都是有效的。创业者——最好是听取董事会、风险投资人及现有核心员工的意见，并取得他们的认可——只要认真分析每一个岗位的需求，明确最大化成功概率的先决条件，就能确定具备何种性格特点的人更适合正在形成的企业文化和创业者风格。

对提升速度和节省费用的诉求，经常会促使创业者选择成本低廉的招聘方式。比如，在与投资人制定和审查某岗位的特定要求后，他可能会立刻询问投资人或董事是否认识符合岗位要求的人才，风险投资人每周都会收到大量的求职简历，也许偶然就会碰到符合所投资的某创业公司需求的人才。

另外一种低成本的方式是拨打一流商学院就业办公室的电话，或者联系那些在校友通讯录上留下联系方式，希望寻找挑战机会的人。如果你本人并不是那些人才摇篮的校友（你可能需要成为其中一员，以便得到通讯录或就业办公室的帮助），那么你也应该认识有类似渠道的其他人。还有一种可能找到心仪候选人的方式是通过领英。此外，与我们之前提到的求职网站相比，更多刊登在传统报纸上的广告，比如《华尔街日报》上的招聘信息等，虽然借助传统渠道可能花更长的时间，但是它也许会吸引符合条件的候选人。

猎头顾问：昂贵却值得

如果你从未体验过专业资深的猎头服务就认为他们的服务不划算、太昂贵，那么我们要强烈地建议你保持开放的心态。猎头的费用以成功推荐后的佣金形式支付，金额通常是候选人入职后第一年年薪的 1/3。尽管这种方式的确不便宜，但是能否找到合适的管理层员工对公司的影响不容小觑。

同样，一部分主流猎头公司近年来对与风险资本所扶持的创业公司合作十分感兴趣，随着创业成为新风潮，猎头公司开始愿意在成本方面做出让步。这样做的原因在于，一家被风险投资机构看中的公司，其成功发展壮大的概率（无论是何种程度上的成功）也相对较高，在其发展早期就与这样的公司建立合作关系有助于保持长期联系，猎头公司可以在未来获得更丰厚的回报。有的猎头公司甚至将它们本应收取的费用或者其中一部分换成创业公司的股权。

你在寻找首席执行官时，接受猎头机构的服务绝对是物有所值的。现任首席执行官有时会因公司从外部引入了新首席执行官而被取代，这种情况通常发生在现任首席执行官的能力已无法跟上公司发展的脚步，或者公司出现麻烦、增速下滑之时。

对于创始人兼首席执行官来说，赢得董事会的信任至关重要。如果未能取得他们的信任，创业者就不会长时间地担任首席执行官的职务。创始人要想长期立稳脚跟，务必对董事会成员坦诚相待以维护良好关系，并在所有政策制定前保持定期沟通，认真地听取他们的意见，仅仅依靠例行会议上的沟通是远远不够的。

当我们还在巴特森资本时，与Cleversafe这家创业公司共事的经验，让我们感受到了与专业猎头合作寻找到合适的首席执行官并带领公司成长，给公司创造了巨大价值。我们曾在前面介绍过，这家位于芝加哥的大数据存储及安全领域的创业公司以13亿美元的价格出售给IBM。对此做出重要贡献的首席执行官是在当时一家知名猎头公司的协助下寻找到的。当Cleversafe的颠覆性技术的价值在种子用户身上得到验证时，公司需要一位能快速提升销售并建立营销体系的首席执行官。寻找首席执行官的任务由Cleversafe内部的董事会主席（也是主要投资人之一），摩托罗拉前任首席执行官克里斯托弗·加尔文担纲。最终他们找到了正在硅谷木星网络公司任职的约翰·莫里斯，并成功地将他带回芝加哥，加入Cleversafe，担任首席执行官一职。

莫里斯早年间曾在IBM担任管理职务，他了解IBM的文化，也认识很多IBM管理层的同僚。在约两年的时间里，莫里斯带领Cleversafe实现了大规模的销售增长，并成功地拓展了IBM这个大客户。更难能可贵的是，除了对行业非常了解外，这位新任首席执行官不仅与IBM保持良好关系，而且很快融入Cleversafe的文化，并与创始人和董事会成员愉快地相处，这些都为资本最终的成功退出打下了坚实基础。

加尔文慧眼识英才靠的可不仅是偶然的运气。NAVTEQ是一家位于芝加哥的电子地图信息系统供应商，主要提供移动导航等服务。加尔文早年间就曾在服务NAVTEQ时遇到过类似的管理层变动，在加尔文推动管理层变革之前，NAVTEQ一直处于亏损状态。当合适的首席执行官人选开始掌舵后，NAVTEQ快速实现了盈利，并以81亿美元的价格被诺基亚收购。

董事会：公司和投资人的守护人

组建一个精锐董事会的重要性绝不亚于甚至超过挑选核心管理层的重要性，董事会的职责在于提供战略方向指导，协助管理层与公司的供应商、银行、投资银行、投资人等重要外部关系保持良好沟通，确保诸如期权、创始人股份等有效的激励方案得以提出和实施。此外，董事会还要对公司的主要资本开支计划和运营事务提出建议并进行最终审批。

董事会要想正常有效地运转，必须及时查阅公司标准格式报告以获取足够多的信息和必要的分析工具，然后给出适当的指导建议。管理层要确保公司董事在董事会召开前的几个星期内得到相关信息，董事会每年召开4~6次，既开展关于总体经营情况的宏观讨论，也要保证每年至少1~2次对某具体问题进行深入的探讨。

最优秀的董事会通常既有企业家高瞻远瞩的视野，又能承担起代表全体股东利益的受托人责任。董事会复盘和修正管理层的行动方向，比如，他们是否为了达成短期目标而置公司长远目标于不顾。这样目光短浅的管理行为，很可能导致公司无法完成适当的管理层布局或在实施快速增长计划前进行的组织架构调整。董事会还被授权查阅业绩报告和进行审计，这对计划未来走入资本市场的公司十分重要。

如今，在这个黑客入侵盛行的时代，检查公司信息和计算机系统的安全也成为董事会的重要职责。要保证完全避免遭遇黑客袭击似乎不切实际，所以董事会要与管理层一起履行这项职责，尽可能多地发现系统的薄弱环节。对于那些面临现时安全威胁或已成为黑客优先目标的公司而言，董事会内部有必要成立网络安全委员会，并在管理团队中增加首席安全官的岗位。

尽管董事会要经常关注公司治理和管理问题，但是风险资本扶持的创业公司董事会最重要的职责是不断敦促公司拼尽全力向前冲。充满传奇色彩的风险投资人阿瑟·洛克（曾对英特尔及其他众多公司发展起到重要作用），因在董事会上反复强调一句话而出名："要跑得再快一点儿！再快一点儿！"

董事会会议

大多数情况下，董事会主席在会议中并不需要做太多事情，他（她）只要确保会议按议程进行、午餐三明治及时送到、会议按时间结束——不会影响投资人赶飞机就可以了。但有时会议可能充满了火药味，甚至与会人员大打出手，影响整个风险投资人团体的稳定性。

本书作者之一莱恩在纳米相科技公司担任董事会主席时曾经历这样的场景：在会议上，一位投资人指责另一位参与公司创建的投资人，认为他在有关公司专利状况的事项上提供了误导信息，而这个信息是判断公司是否能成功的重要依据。不出意料，被指责的投资人坚决动手反击，场面立刻变得混乱起来。"这是我经历过的最有意思的场面，董事会主席的工作是调停争吵，并把参与打架的人分别拉到不同的角落。"他这样说道。

尽管在董事会会议上可能有各种形式的争吵和冲突，但是因此上升到董事会表决的情形却很少出现。如果真的出现需要正式表决的情况，那么通常这只能说明创业者没有提前做好功课，未能在会议开始前与各方充分沟通并达成共识。现场突如其来的表决只能让失败的那方感到尴尬，创业者也会因此感到痛心。

我们作为董事和投资人参与过的比较有意义的董事会会议，是讨论公司战略发展方向的，有时参会人员甚至会得出全面转变公司战略的结论。当公司面临生死关头的挑战时，董事会成员会全力以赴地投入其中。如果参与讨论的人没有足够的行业经验和商场竞争的经验，这样的讨论对于公司来说即使不致命，也是非常危险的。

银行和供应商：低成本资金的来源

风险资本是成本高昂的资金，风险投资要求一个与其承担高风险水平相匹配的高额回报。因此，公司一旦立稳脚跟，就应着手寻找来自银行体系的资金。

此时，你需要建立的是一个深厚的银行关系网，而不仅是找一个借款人做一锤子买卖。公司业务高速增长需要足够的存货支持，随之带来了迅速增加的应收账款规模，这两者给公司带来的巨大资金压力必须有强有力的银行关系做支持。最优秀的银行家能理解公司的业务、管理层以及行业环境，当公司业务出现困难时，他们首先做的不是因恐慌而立刻收回贷款，而是协助公司重新安排付款计划，并且尽量尝试引荐很多银行加入，为公司争取更多授信。事实上，银行也更愿意做风险投资人的支持者而非反对者。

假如现金流变得紧张，主要供应商也可以成为公司的资金来源。维护公司与最大、最核心供应商关系的工作不应该扔给采购或运营经理，而应该由创业者本人投入时间和精力去维护。

跟着钱走

风险投资人在给创业公司投资以后并不会一走了之，他们会或多或少地参与到公司经营活动中，但每家机构具体的参与程度因其路径和策略的不同而有所差别。通行的准则是，投资时创业公司所处的阶段越早，投资人跟踪公司参与决策的程度越深。所有投资人，无论是否在董事会任职，都希望第一时间得知公司不利变化或者有利进展的消息。

领投方（一般是制定初始条款和投资额最高的投资方）通常是最积极的，其他跟投方往往会从领投方口中获得信息，听取他们对公司情况的判断。

有的风险投资机构可能投资了很多项目，因此几乎没有时间对所有项目做跟踪，投资项目较少的机构则会对每家投资的公司进行密切跟踪。这与每个机构的投资策略相关：有的采取多元化投资方式，通过做大量的投资来碰运气，希望累计的总体回报能达到可接受的内部收益率水平或达到初始投资的预期倍数；有的机构走的是本垒打路线，投资数量很少，但在每一家身上都付出了较多时间和精力以保证成功率。

有时，风险投资人的工作量会突然发生很大变化。这可能因为其投资组合中的某公司遇到了麻烦，或者让新基金募资的工作占据了时间，投资人本应用于跟踪投资组合中的公司的时间由此减少了。

当然，有的投资项目本身不需要花费时间。这些创业公司从一开始就在一步一步地按计划实现当初确定的目标，因此它们的投资人可以把时间和精力花在其他地方，这种“蓝知更鸟”很受欢迎，可是数量稀少。

当危机出现时

当严重的危机出现时，风险投资人被寄予很高的期待，领投方或联席领投方会站出来积极行动以拯救公司于水火之中。在这种情况下，投资人会参与公司的运营决策，并很可能要求公司进行管理变革。拥有运营经验的投资人甚至可能亲自出马运营公司，无论他本人有多么不情愿。

前文介绍过，当CVC出现大麻烦时，主要的风险投资人参与了公司的日常运营，主导了战略调整。在转型过程中，他们坚持向公司投入资金，组建全新的管理团队，在公司情况稳定后又重新调整了资本结构。投资人所做的一切换来了AOL的面世，它最终成长为市值超过3 500亿美元的超级独角兽公司。

风险投资人几乎总能锦上添花，但有时他们也能雪中送炭、扭转乾坤。

董事会的一个重要决策，也是影响创业者和公司的转折点：公司要继续保持私有状态还是走向公开市场？公司如何为投资人创造巨大价值？我们在下一章中重点介绍。

第十二章　终场舞：成功退出

风险投资人和创业者共谱的终场舞是一次成功退出。

什么成就了成功退出？

我们应该如何定义一次成功退出？对于单个投资项目来说，成功的最低标准应该是年化收益率达到20%或获得初始投资成本3倍的回报。对于一只投资基金来说，年化收益率达到15%可以被称为成功，如果年化收益率达到20%或更高，它就可称得上非常成功。

鉴于风险投资的内生风险很高而且失败率也很高，对于投资单个项目的投资人来说，我们认为以30%以上的年化收益率退出可以被视为非常成功的退出，我们将获得40%以上年化收益率的投资称为本垒打。

当然，年化收益率（内部收益率）和收益倍数之间的关系取决于从投资开始到退出时点所经历的时间。有些投资项目实现了非常强劲的年化收益率，但收益倍数却并不高，这是因为投资期很短，投资人在初始投资后短短几年内就实现了退出。一个很高收益倍数的投资项目可能需要相当长的时间才能实现退出，获得收益。但如果耗时过长，那么与看起来很高的收益倍数相对应的也只是一个勉强说得过去的年化收益率了。

以我们的团队为例，我们的长期收益倍数是3.63，从投资开始到实现退出平均耗时 5.2 年，平均年化收益率为 28%（见表 12–1）。

表 12–1　投资期限和收益倍数

年化收益率	5 年期收益倍数	10 年期收益倍数
20%	2.5	6.2
30%	3.7	13.8
40%	5.4	28.9

可选择的退出方式

直到现在，风险投资人和创业者都还寄希望于由风险资本扶持起来的创业公司，在未来某天能够通过IPO的方式登陆资本市场。近年来，受到一些因素的影响（具体原因之后介绍），其他的退出方式也越来越多地成为大家的选择。这些方式包括：出售或者与有业务协同的更大规模的公司合并；持续在私募市场融资，公司股票被出售给小范围的私募投资者，保持私有状态。后面的这种方式又被称为隐形退出。

通常，那些被出售或参与合并的公司受到公开市场的关注度较低，但它们非常重要。过去，IPO和并购是仅有的两条成功退出的路径。当然，当下IPO和并购也是很重要的方式，但现在又多了一个近年来被诸多独角兽公司践行的隐形退出方式，它们保持在私募市场出售股票：一部分是公司出售新股募资，另一部分是原有投资人与新投资人进行的老股转让，从而为原有投资人实现退出——目前看来，这一方式没有停止的迹象。利用这种方式，创业者可以继续保留控制权并换取一定现金，也很可能兑现投资人的收益。

近年来，受公开市场监管趋严的影响，私募市场的退出比公开市场的退出更普遍，究其原因主要包括几个方面：对公开市场更严格的监管条例已经付诸实施；来自非传统主流机构投资者开始进入风险资本市场；承销新股的投资银行数量减少；创业者希望在更长时间内保持对公司的控制。这种趋势无疑促进了众多高估值独角兽公司的出现。

实事求是地说，隐形退出只适用于特定的少数公司——那些被多家大型风险投资机构扶持且估值超过 10 亿美元门槛的独角兽公司。在过去几年中，独角兽公司的数量虽然增长迅速，但是仍然为数不多，2016 年年底，美国共有 99 家独角兽公司，全球共有 176 家。

这种私募市场退出方式在近期快速发展，得益于大型机构投资者愿意为此买单，他们虽然以高价进入却抱着未来不论在公开市场还是私募市场以更高价格出售的美好愿望。创业者倾向于这种方式，因为他们可以通过发行不同权利义务类型的股票保证自己的控制权，同时还能为公司筹集发展资金，要知道，之前只有通过公开市场发行才能获取资金。

上述这种隐形退出方式也受到一部分风险投资人的青睐，因为他们再也没有办法找到能承销如此高估值股票的投资银行了。这意味着这类风险投资人要想在私募市场中实现本垒打，比任何时候都困难。

我们随后会在本章讨论这个问题，其实对于要在私募市场实现高估值公司退出这件事情，无论对于投资人还是对于创业者来说都是很棘手的，而且真的可能永远得不到现金回报。很多投资人都希望自己投资的一家或多家公司可以成为独角兽，然而这样只会让他们拿到现金的难度更高，而这些投资人则会在等待高额回报的期待中逐渐失去耐心。对于创业团队来说，得到他们原本期待的现金随之成了一件遥不可及的事。所以一定要三思而行！

荣誉徽章——IPO

上市，IPO，曾一度是一家创业公司的荣誉徽章，对于有些公司来说，现在仍然如此。IPO是获得现金回报和实现高收益的一个很好的途径。除了现金回报以外，IPO可以被视为创业者和投资人成功的标志。一方面，对于创业者来说，IPO是他们的心血之作，是他们的企业成长为大公司的标志；另一方面，对于风险投资人来说，IPO意味着他们将受到同行和投资人的关注，也将吸引更多寻求融资的创业者，因为创业者总是希望接受有成功经验的投资人的投资。于是，投资人会在标的公司上市后的一段时间内，锁定一部分潜在投资标的供自己挑选。

直到首次公开发行前，风险投资人可能都在公司里默默地辛勤劳作，创业者可能已为人所知并有一定知名度，但投资人的公司可能仍免于雷达探测，处于隐身状态。对于他们来说，IPO可能是一个奖励，没有人不喜欢金钱和荣耀。

对于很多公司来说，公开发行股票并上市是一个正确的选择，上市公司可凭借较高的估值（高于私募市场）募集到额外的资本金。此外，如果公司发展始终保持良好态势，那么可以不断地在公开市场融到更多资金以支持公司的快速发展。

保持公司私有状态可能更契合创业者的需求

尽管公司上市是一种能带来许多谈资的荣耀，但是一家上市公司所代表的却刚好是与大多数创业者创业初衷相悖的状态，因为大部分创业者都希望有一片不受任何束缚、可自行掌控一切的天地。保持私有状态意味着创业者可以做自己的老板而无须看他人眼色行事，这是创业者所期望的状态。

另外，上市公司在完成首次公开发行后，就不可避免地要在监管和权力当局的指导下从事经营活动。对那些在接受风险资本后就已经感到障碍重重、无法自由施展的创业者来说，一个到处充满监管的环境就更不会成为他们理想的栖身之所。那些对权力当局尤其敏感的创业者需要认真权衡自己的需求和动机，然后再做出是否上市的决定，尤其是在可以选择隐形退出的方式之时。

保持公司私有状态对创业者是一件美事，没有太多监管，律师和会计师也没有那么重要，费用也更低，董事都是对创始人忠诚且有帮助的老朋友，与股东和其他利益相关方的沟通也更直接，而且无须通过新闻稿传达信息，与公司相关的所有人都不在大众的视线里，所有人都处于冷静和放松的状态。此时，创业者有点儿像海盗，会继续游走在边缘，甚至更过分。要知道，私营公司本来就是被创业者的意愿驱动，也是为他而生的。

上市也意味着容易遭受谣言和诋毁

经营一家上市公司可不是一件容易的事情，创业者有太多群体需要应对——政府监管机构，律师和会计师拼命地帮你避开监管者的注意，股东以及时刻紧盯你的金融媒体都迫不及待地追涨杀跌。近几年，日益普及的互联网实时报道让上市公司压力巨大。

过去，上市公司管理层最要紧的事情是不断地向股票分析师传递和灌输好消息，弱化或回避坏消息。然而随着互联网的兴起，不管是不是强制披露的信息，消息一出来就能被所有人知晓，每个人都能成为股票分析师。

华尔街有句老话："传言证实前买入，证实后卖出。"但是现在传言可能就是新闻本身。即便是一个谣言，它也可能瞬间击垮一家上市公司的股票，甚至摧毁一家公司。控制新闻的传播已是不可能的任务，所以操纵一只股票的价格变得比登天还难，这也是上市公司首席执行官任期越来越短，现在平均只有约 4 年的原因之一。

上市的其他风险

时刻牢记，在上市过程中，只有一部分公司股票会被出售给公众。创业者及其团队，有时还包括风险投资人依然会保留大部分股票，他们希望公司股票价值能继续增长。互联网媒体的宣传攻势和捧高踩低的做法给公司带来了巨大压力，使得公司必须一季度接一季度地给出可观的收益报告，而并不在乎这一切是否会对公司长期的健康发展、竞争地位的保持和增长预期造成不利影响。

只有极少数上市公司，如亚马逊、谷歌的母公司 Alphabet 等，坚持强调自身的快速成长和增长预期，成功地说服市场不要让它们过度关注短期盈利状况。

此外，成功发行股票也可能会让风险资本支持的创业公司面临没有筹集足够长期发展的资金而过早上市的问题。进入公开市场就像骑一只老虎，当老虎感到饥饿时，你要不停地喂生肉，可它一旦饱了就不再想要任何东西了，此时你得停手并继续骑行，直到它再次饿了为止。但是你要想抓住市场真正饥饿的时机非常困难。

更糟糕的是，公开发行未必能募集到计划的金额。公司会根据实际资金需求和情况设计出可供出售的股票数量，以保证公司财务结构能支撑未来发展的需要。但也许当发行窗口期到来，公司如期上市之际，承销商仅能售出原计划 1/2 的股票，甚至只有 1/3 的股票；或者发行价格比预期价格更低；抑或更不幸，上述两种情况都出现了。也许同样筹备上市的竞争对手恰好遇到了比你更好的市场环境，抓住了更合适的时机，成功地募集到了能够支撑公司长期发展的足额资金，并在暴风雨来临前成功地突出重围。即使公司迅速地筹集到了少量资金，在最好的情况下这也会让人心神不宁，但在最糟糕的情况下，这却可能导致公司彻底失败。除了上述问题以外，还有一个重大风险——在某些极端情况下，虽然股票成功发行，但是主要投资人却未能履约按时打款，这几乎确定是一场灾难。

令人惊讶的是，上市也可能导致公司在后续融资时丧失很多潜在投资人。现在，公司股票既然已经上市交易，那么那些只对私募市场感兴趣（包括只参与IPO）的投资人，比如风险投资人不再会对公司做投资，除非股价跌到几乎可以让投资人闭眼捡钱的时候。很多投资机构在与投资人签署的投资协议中，已经明确将投资上市公司股票的选择排除在外。风险投资人只对私营公司感兴趣，他们愿意在早期进入以期能在退出时卖一个好价格，而不愿意参与二级市场投资，即使上市公司在因缺乏资金而低价发行股票时也是如此。

虽然为数不多的风险投资机构愿意购买资本金匮乏的上市公司新发行的股票，但是它们往往要求以极低的惩罚性价格购买，因为它们认为只有这样才能对冲其内在的高风险。如果资本金匮乏的上市公司未能得到其主承销商的有力支持，那么它可能没办法以任何价格发行股票筹资，即使在上市后进行增发也无法改变这种情况。“在能拿到钱的时候，把所有的都拿到。”这句话不仅适用于风险投资，而且适用于公开发行股票。

当心，投资银行对推动上市有天然的动力

尽管通过IPO上市一直被风险投资业内人士认为是值得骄傲的事情，但是只有在对创业公司未来长期发展有好处的正确时机上市，投资人才会真正因此而自豪。如果投资人在时机尚未成熟之际就鼓动被投资公司上

市，那么他在做一件伤害公众、公司，甚至整个风险投资行业的事情。

遗憾的是，太多的投资银行在做这种揠苗助长的事情。它们不在意时机是否合适，只要市场对一家公司的股票有需求，它们就愿意推动公司的上市进程。它们尤其热衷于承销有“首日反弹”空间的股票，这样它们的客户就可以在上市当日卖出在公司做IPO时所认购的股票，赚一笔快钱。此外，它们也看好有长期上涨空间的绩优股，但对于投资银行来说，最重要的是能从股票发行中赚取承销费，因为这是它们赖以生存的血液。即便冒着可能冒犯投资银行从业者的风险，我们也要说，只要需求足够充分，投资银行就愿意向市场出售一切东西。

当一家公司认为退出时机成熟并决定在公开市场出售股权募集资金时，投资银行就是筹划和执行退出行动的最主要的伙伴，在如何向二级市场推介并筹集资本金这件事情上，它们才是专家。在多年经营中，投资银行积累了大量资金渠道和投资人资源，如果上市时机尚未成熟，但公司基本面向好，那么它们也可以安排私募配售。

当然，在这个行业里依然有很多优秀的从业者。一位合格的投资银行家，尽管也希望赚一笔钱，但是绝不会怂恿上市时机尚未成熟的公司上市，除非他根据自己的经验判断，公司已经做好了应对公开市场的准备，并且在上市后即便不能保证非常成功，也可以依靠公司自己的力量生存下去。很遗憾，在以承销费为目标的行业里，有些投行人员并非总能将上市公司能否为投资人创造价值这件事放在心上。他们这么做对创业公司当然是好事，但是对于投资人来说可就不是好生意了。

投资银行从业者和风险投资人不一样

投资银行从业者和风险投资人有时看起来像从一个模子里面刻出来

的，毕竟他们都是通过努力工作赚取佣金或者从被投资公司处获得收入和资本增值的，但其实这两类群体有很多差别。

典型的风险投资人与投资银行从业者相比更像销售人员，风险投资人通常会站在买方或者投资人的角度考虑问题。还记得吗？风险投资人要代表他的众多投资人从创业者手中购买部分股权。

而投资银行从业者与之相反。首先，他们要从众多竞争者中脱颖而出，把自己推销给公司使其雇用自己成为发行股票的承销商。其次，他们要持续为公司提供宣传推介服务直到可以着手执行主要交易，或采用私募配售或向公众出售的方式，他们必须要将公司的股票出售给投资人（有些人懂行，而有些人不懂行）。最后，继续向市场推介公司以保证在上市开盘后稳住发行价，最好还能推动股价上涨。毋庸置疑，投资银行从业人员必须熟知市场喜好，他们需要十分清楚市场追捧或回避什么类型的公司，愿意以何种价格购买何种数量的特定公司的股票。

风险投资人更关注创造真实的价值，因为只有创造了价值，他们才有可能在退出时获得收益。他们可能永远不会看到现金回报，也不会在意现金本身的回报。

有趣的是，投资银行从业者有时会在IPO之前或进行中，甚至在IPO之后，尝试向私募投资人兜售股票。可想而知，这样的公司股票是很难被出售的。有经验的风险投资人对投资银行提供的项目相当谨慎，因为天然地，他们的立场和价值取向就不同，更何况风险投资人并不愿意接受包含了投资银行佣金在内的高股价。

高朋网案例：IPO后的噩梦

知名芝加哥创业公司高朋网的IPO案例，向我们生动地展示了过分高估市场需求的潜在危机。先简单介绍一下高朋网，它是一个为本地商户服务并向消费者分发折扣券的团购网站，每天一类商品的折扣，消费者每人每天限领取一次。它的客户主要为餐厅、美发美甲店以及其他提供基本服务的小商户。

高朋网发展速度之快令人震惊，是创业公司里名副其实的黑马，预约量和收入如闪电般快速增长。在成立 16 个月之后它就达到了 10 亿美元的估值，是史上最快达到这一具有里程碑意义估值的创业公司。

曾有传言道，高朋网将以数十亿美元的身价委身谷歌。根据《公司》杂志的报道，高朋网拒绝了谷歌 60 亿美元收购价格的要约，之后，包括主流机构在内的投资银行承销团队判断市场对该公司的股票高度认可、需求强劲，可以以很高的价格发行股票。

他们的判断如果是正确的，就可以说判断太保守了。2011 年 11 月 4 日，成立刚满 3 年的高朋网在纳斯达克上市交易，当天以每股 20 美元的价格开盘，根据彭博社的数据，公司市值达到 130 亿美元，盘中股价一度上涨至每股 31.14 美元（市值约 200 亿美元），最终上市首日收盘价锁定在 26.11 美元（市值约 170 亿美元），较发行价格上涨 31%。《芝加哥论坛报》称，当时只有谷歌上市首日的市值（231 亿美元）比高朋网高。报道中还写道，高朋网本次只发行了 3 500 万股，就筹集了 7 亿美元。这次发行无论对于公司本身还是芝加哥这座城市，甚至新兴的互联网促销打折行业来说，都具有里程碑意义。但从另一个角度看，高朋网在进行 IPO 时只出售了公司股票总额的 5%，这是极低的比例。而在部分人眼里，过少的发行数量只是用来催生高股价和高估值的手段。

现在回想起来，谷歌被高朋网拒绝倒成了一桩幸事。尽管高朋网利用折扣券激发了消费者的消费需求，但是当消费者发现自己使用这些折扣券只能换来与原价不对等的产品和服务时，他们逐渐抛弃了高朋网。结果，在上市后所有的季度报告中，高朋网的业绩大多亏损。高朋网也在尝试扩大产品的范围，但其股价从 2011 年 11 月 4 日的 26.11 美元一路暴跌，到 2017 年年初已跌破 4 美元。

尽管高朋网的创始人和为其服务的投资银行看起来像打了一场漂亮的胜仗，但是那些在IPO前最后几轮进入的风险投资人可能并未从中获益，当然这也要根据他们进入时和退出时的价格来做判断。如此有限的股票发行数量导致并非所有风险投资人都有机会卖出股票，因此，除了最早期阶段的投资人，其他投资人都损失惨重。

现在可以肯定地说，风险投资人一定希望当年能把公司出售给谷歌或者其他任何一个愿意购买整个公司的大买家。也许有了谷歌或者其他大股东的支持，高朋网还有机会探索出一种商业盈利模式，不过我们永远也不可能知道这一切能否成真了。

公平地说，其实我们并不知道高朋网的管理层和投资银行是否意识到公司基本商业模式的问题。他们如果已经察觉到存在基本商业模式问题，可能就会害怕谷歌或其他买家在尽职调查中发现问题并因此放弃交易，所以他们只能在还来得及（问题尚未暴露之际）的时候通过IPO变现一部分股权。尽管《公司》杂志网站显示，2010 年高朋网巨亏 4.13 亿美元，但是似乎人们很容易被诱人的增速和上市的预期裹挟。历史会反复重演，想想 2000 年互联网泡沫破灭时的悲剧吧。

高朋网的历史教训

在新股发行市场欣欣向荣之际，上市的压力难以抵抗。当公司上市时，风险投资人如果可以卖掉持有的股票（当然这并非总是可行的），就可以实现收益并向投资人派发现金，而不是简单地向他们汇报账面价值。

当风险投资机构面向投资人募集新基金时，派发现金尤其能帮上大忙。

如果有太多风险投资机构持有的股票未实现退出，那么市场上会出现股票供给过多，这种变化会立刻被所有人感知。一旦供给过量，市场上的投资人就开始显露疲态并变得谨慎，新股发行市场由此进入一个下行周期，而这通常要持续几年。知名风险投资人亚瑟·帕特森曾将这种由于新股发行市场波动而带来的风险资本繁荣和萧条周期，称作"八年富足六年饥荒"。

择时减持，以降低押注于不稳定公开市场的风险

高朋网发行新股的经历虽然比较极端，但是这并不罕见。IPO市场经常体现出某种程度上的非理性繁荣。长期以来，大约有2/3的风险资本所扶持的公司在首次公开发行股票后，股价下跌，并且一直低于发行价。这也是很多投资人选择在公司上市后尽早卖出股票的重要原因，如果有其他方式可以允许他们将全部股份卖出换取现金，他们甚至会反对公司上市。

例外：纳米相科技公司的故事

当然，也有一些公司在成功上市数年后，为投资人和创业者提供了更好的退出收益。另一家位于芝加哥城区的公司纳米相科技，可能是纳米科技领域最早的上市公司（1997年上市），就是与高朋网相反的案例。

在公司成立（纳米相科技公司于1989年成立）八年后，投资人群体中的部分成员开始失去耐心，希望尽早退出。幸运的是，公司有充足的收入，吸引了若干优质投资银行承销股票并协助公司上市。

尽管IPO非常成功，股票发行价格很高，公司也募集到了所需的资

金，但是公司并未实现收入目标。公司上市不久后，亚洲金融危机来袭，由于公司大部分客户在亚洲，受此影响，很多客户取消了订单，从而造成公司业绩未达预期。不出所料，纳米相科技公司的股价暴跌，还记得季度报告可以多么无情吧，对于投资者，包括风险投资人来说，他们根本没有足够的时间减持，所以他们不得不继续持有，协助公司成长。

由于一直未能开辟新的增收渠道，焦虑状态一直持续。然而造化弄人，美国时任总统克林顿在一次重要演讲中对纳米相科技公司的前景高度赞赏，于是公司股价像火箭一样蹿升，风险投资人在非常高的价格上实现了退出。

高科技领域的风险投资，真的不适合心理不够强大的投资人。

卖掉公司还是与有协同效应的公司合并？

由于各种各样的原因，公司发行股票并不总是一个现实的选择：或者因为整个市场正处于萧条状态，无法实现收益最大化；或者你持股公司所处的行业现在不对市场的胃口；或者公司仅仅是支付不起IPO的费用。

在一些特定领域，比如生物医药行业，你选择与大公司结盟，其雄厚的资金实力和完善的分销体系可以使公司的长期价值迅速提升。出售公司或者与之合并对于创业者和投资人来说都是非常好的替代选择。

当风险投资人初次评估投资项目时，他会判断哪种退出方式最适合，或者出售公司，或者合并，或者通过IPO，或者在一些情况下隐形退出。如果创业公司在5~10年内（典型的风险投资回报期限）有实现10亿美元退出估值的潜力，那么IPO可能是最好的退出途径。但是当退出迫在眉睫时，风险投资人究竟选择哪种方式取决于当时的金融市场环境，以及公司本身的财务和运营现状。

被收购的好处：Cleversafe的案例

说到被收购的好处，2015年11月，IBM以13亿美元的价格收购位于芝加哥的数据存储和安全公司Cleversafe的案例，很好地做出了诠释。Cleversafe在被收购前已快速发展了10年，形成了稳定的客户群，并每年以两位数的增长率持续增长，现金流即将由负转正。不用多说，此时风险投资人和个人投资者比以往任何时候都希望拿到现金退出。

一个非常重要的限制因素是Cleversafe的销售周期很长，一旦在任何一个季度里出现丢失几个主要客户的情况，就会给公司现金流和收入造成严重影响。这种情况若真的出现，一个季度的糟糕业绩就可能让这家刚上市的公司股票遭到毁灭性打击。

Cleversafe的投资人中包括多家主流投资机构，我们当时所在的巴特森资本是A轮融资的共同领投方。Cleversafe一共筹集和花费了100万美元，其资金使用效率在同行里属于相当高了，因为一般公司在实现退出前至少需要200万美元的投入。尽管如此，若想继续推动公司向更高层次发展，公司必须募集更多资金，而如果选择在私募市场融资，现有股东的股权比例都将被大幅稀释。

鉴于以上情况，IBM提出的13亿美元收购的要约显然是一个绝佳选择，以这个价格成交，很多股东都会获利10倍以上，而早期投资人甚至可以获利40倍以上，这绝对是实现本垒打的退出方式。IBM同样也是一个好归属，它可以为公司发展提供所需的资金，也是一个值得信任的交易伙伴，更无须担心其中途放弃交易或是否有付款能力。Cleversafe的董事会表决通过了将公司出售给IBM的决议，大多数股东也投票赞成此项决议。

在这个案例中，放弃上市的决定是否导致公司股东损失了本应获得的部分财富？答案是没有。在交易完成后不久，新股发行市场随即陷入困境，Cleversafe如果当时决定进行IPO，就很可能在市场下行的环境中进退维谷，导致IPO进程被迫中断，给公司带来巨大损失。

出售公司前的注意事项

在决定像Cleversafe一样出售公司前如果创业者仍在掌控公司（Cleversafe不是这样），那么他和其他团队成员需要认真考虑是否做好了在情感上割舍的准备。如果答案是肯定的，那么创业者就可以开始考虑能否接受实际价格了。大多数创业者都会说自己可以卖掉公司，毕竟对于理性经济人（至少是理论上）来说，所有的事物都有价格，并且要寻找到能带来最大价值的买家。然而，当清算那一天真的到来时，很多创业者开始后悔并拒绝执行并购交易。

风险投资人经常处于形式上的控制地位，尤其在Cleversafe这种资本密集型公司里。然而，如果创业者仍是首席执行官，把他（她）逼得太紧只会导致大家都不愿意看到的结果。创业者关心的是，在新股东控制公司后，自己是否还能继续担任重要的岗位，以及一旦失去所有权后，原来的员工和一直以来合作的利益相关方能否得到公平对待。

另外，允许富有创造力的创业者在公司执行退出的过程中仍然掌舵，也有其独特的优势，接下来这个案例就可以印证这一点。一家主流杀毒软件公司的董事会前任主席，在硅谷中心区帕洛阿尔托的一个理发店里创办了CyberSource.com和Beyond.com两个网站。这两个网站于1996年互联网泡沫兴起之前成立，分别向互联网早期用户提供软件下载服务（Beyond.com的业务）以及出售网民在线上买卖商品所需要的交易软件（CyberSource.com的业务）。

当公司着手进行资本退出时，创始人仍在掌管公司，他决定将公司业务拆分为两个各自独立运营的公司后分别上市。一个受传统MBA（工商管理硕士）教育模式训练过的人未必能够想出这个策略，相反，他们很可能会继续走老路，将公司打包后整体上市。

创业者的创新性策略带来了丰厚的回报——受益于两家公司分别进行IPO，早期投资人只用了3年半的时间就获得了41倍的收益。在一些情况下，在资本退出过程中，最好将有经验的船长留在驾驶舱，他可能会发现并利用一些普通投资人无法想象的、非传统的退出机会，安全地驾驶公司这艘航船。

后来，虽然Beyond.com以失败告终，但是CyberSource.com在数年之后以20亿美元的价格被收购。对于一直持有公司股票直至本次交易完成的投资人来说，一项投资实质上做了三次退出，这对于三位创业者来说真是不错！在这个案例中，创业者始终坚持守护自己的“孩子”，同时一直最大化公司的投资价值。

确实，“只要结果好就一切都好”

创业公司无论以何种形式退出，都是决定一笔风险投资成功的最重要因素。好的开始和一个有吸引力的初始价格很重要，快速和强劲发展带来的业绩高增长也同样重要，但是说到底，成功的退出才是重中之重。

第十三章　一位成功创业者的访谈

在本章中，Dytel公司的董事会前任主席兼首席执行官桑福德·摩根斯坦先生将以创业者的视角，回答本书作者提出的与融资相关的问题（本章内容从实际访谈中提炼、编辑，并已得到摩根斯坦先生的授权）。Dytel公司初创于美国伊利诺伊州芝加哥市近郊阿灵顿高地，是电信产品创新设计和制造商。摩根斯坦先生曾为Dytel公司成功地完成了在种子阶段和早期阶段的风险资本融资。

问题：**在早期阶段的融资过程中，创业者面临的最大难题是什么？**

摩根斯坦：

之所以很多风险投资人愿意关注处于早期阶段的创业公司，其原因在于，尽管早期项目中与巨大风险并存的是潜在的高额回报，但是早期阶段创业者面临的难题是他们与投资人之间的地位不对等。创业者对资金有迫切需求，而投资人则并不急于对投资特定的某公司做出决策。对于处于早期阶段的创业公司来说，能否及时拿到资金关乎企业的生死，但实际上风险投资人却有非常充裕的选择余地。换一种更容易被理解的方式来说，假如投资人错过了一个未来会成功的创业公司，他的损失不过是一个未来的可能预期损失；而如果创业公司未能及时获得融资，那么它将面临彻底失败。从这个角度来说，双方对达成交易需求的迫切程度是不同的。

风险投资人：

摩根斯坦先生非常准确地把握了早期阶段创业者和风险投资人在交易需求程度上的不对等状态。但是一旦投资人将自己最重要的资源（资金除外）时间，大量投入某投资项目之后，除非有强烈的危险预警，否则他不会轻易离场。因此，创业者最好的融资时机其实是当他不需要资金的时候，这个条件对债权和股权融资同样适用。

问题：**刚才您提到的这种不对等如何影响创业者和投资人的关系？**

摩根斯坦：

其一，投资人是非常忙碌的，他们每天可能在研究各种建议书，可能在参加被投资企业的董事会，也可能正疲于应付各种突发的紧急事务。创业者向潜在投资人发送了商业计划书后希望能尽快收到回复，但是由于投资人非常忙碌，也很难对创业者的焦虑感同身受，故耽搁时间是不可避免的。一份不会被推进的建议书可能很快收到礼貌的回绝，但如果是一份得到关注的商业计划书，那么反而创业者可能要等很久（平均6个月），可想而知，在此期间，创业者急得像热锅上的蚂蚁。

这种不对等的关系随之产生了另一个问题。创业者必须寻找每一个可能为其提供资金的机会，但风险投资人因为缺乏足够的时间而不愿意相互竞争。例如，如果一家创业公司有幸吸引到了两位投资人，并与其中之一展开密切联系，那么另外一位甚至两位投资人都会对它失去兴趣，这只是因为他们太忙碌而不愿意把精力浪费在可能不会选择他们的人身上。

这种不对等的关系甚至会在谈判桌上带来麻烦。在谈判桌上，你会看到与一位好的投资人合作是多么重要。那些抱着共同建设好创业公司以获得高额回报的想法，又不会给创业公司找麻烦的投资人就是好的投资人。有经验的投资人都知道，如果对创业公司约束太多反而会毁掉它。

然而事实上，风险资本行业里从不缺少资金，但无法找到足够多有经验的风险投资人，事实上许多风险投资机构雇用了大量新人，而正是他们给创业公司制造了毫无必要的困难。我们见过一些享受这种不对等状态的风险投资人，他们认为自己占尽优势，胜券在握。我不是在抨击不对等，事实上也不需要绝对平等，我只是指出交易双方的迫切程度不一致这个问题，可能是寻求融资的创业公司所面临的一个大问题。

风险投资人：

尽管投资人不喜欢在短时间内匆忙地做出投资决定，但是如果某投资机会的确非常优质，创业者对资金的需求十分迫切，而且价格敲定后创业者在投资条款方面没有过多要求、比较灵活，在这种情况下，投资人是可以在几周之内甚至几天之内做出决策的。大多数融资进程无法继续推进的原因是，在投资价格确定后，创业者和投资人还要在投资条款上反复拉锯，拖延交易达成的时间。

摩根斯坦先生的结论是正确的，老练的投资人的确会秉承对各方都公平的理念来确定投资条款。因为不公平的交易很快会被对方察觉，引起双方争吵，最后对任何人都没有好处。

问题： **回顾整个融资过程，你的感想是什么？**

摩根斯坦：

融资的过程十分艰难，从接下来我的一些回答中你们就会知道。虽然我时常与风险和焦虑相伴，但是也有很积极的一面要与大家分享。

有些人指出，美国人做生意通常比较短视。尽管大多数生意都要用长远眼光做规划，但是当很多公司发现自己的生意需要不只一两年才能赢利时，就会变得很紧张。在这种情况下，公司会采纳短期追逐利润底线的方案，而不会采取尽管务实但耗时更久的方案。

风险资本则全然不同。风险投资人很清楚他们正在做的是需要 5~7 年才能成熟的生意，因此他们更加重视战略导向。概括来说，他们更像采用了日本人的做事方式，会以长期的眼光看待一门生意。

但总体上，我认为早期阶段的融资过程是十分艰辛的。毋庸置疑，如果没有融资，Dytel公司不可能成立。尽管如我所说的，这个过程艰难并且充满了不对等，但是我们始终很清醒地走这条路，虽然数不清有多少次，我们希望能有其他方式或者能走得更快一些，但是我们很清楚这是必须要走的路。

任何准备开启这个艰难旅程的人都应当知道这个事实，一旦接受了投资，一段长期的合伙关系就随之建立起来，这为你提供了创造成功的好机会，而这些机会需要更多时间。风险投资人的耐心和长远眼光是你几乎无法从其他人或机构身上找到的。风险资本也给了想要成就一番事业的创业者充足的时间和必要的资金。

风险投资人：

创业者可能有一万种理由拒绝从风险投资人手中募集资金：它太昂贵了；如果不需要，还是靠自己吧；筹资的过程耗时太长又困难重重；手上的钱过多，一旦用不好还不如不要；风险投资人从不花时间理解商业模式，却要在重要决策上插手；等等。

创业者仍然是需要资金的，因为正如摩根斯坦先生所说的，合理利用资金可以获得更多时间。充沛的资源也是重要的竞争优势，这种优势对最终的成功极为重要，尤其是在那些产品尽管有所创新，但并非独一无二的行业里。

我们也会偶尔遇到手中握有大量现金却不知如何利用的创业者毛遂自荐，记住，他不可能一直处于顺境，风险投资人更喜欢会利用金钱的人。

大多数专业的风险投资人会花时间认真了解你的生意，但创业者也必须明白，在前途未卜需要冒险前进的情况下，一个诚实、可敬的人也会时不时地改变主意。

问题：**你为什么能成功获得风险投资？**

摩根斯坦：

我认为，我们之所以能成功融资，是因为公司达到了投资人关注的大多数教科书式的要求。首先，我们有一个非常好的管理团队，与其他很多科技公司不同，我们很早就意识到了市场营销的重要性，并花费了大量时间招募市场营销方面的顶尖高手，说实话，能聘请到他们是我们的幸运。我们的工程部门有成功开发类似产品的经验，产品运营经理也从事过相关工作。

实际上，整个管理团队最大的短板是在我这里，尽管我管理过比我们整个公司还庞大的团队，但我并没有从事首席执行官岗位的经验。也许我们的成功与我能坚持自己的判断有一些关系吧。在这件事情上，我也并不是孤军奋战，很多非常成功的公司也是由那些具备必要能力但从未有经验的创业者成就的，类似的案例在现实中比比皆是。

我们还有一个包含了外部人士组成的，实力强劲且独立的董事会。他们都曾参与初创公司的发展过程，我们相信他们的存在增强了投资人的信心。

此外，我们已经有被市场认可的新产品问世。我们的客户名单令人印象深刻，产品的可靠性强、市场反响好。由于有好产品做背书，我们已在某种程度上证明了自己是一家好公司。

当投资完成时，公司已经运营了两年，这说明我们可以在逆境中生存，并且有能力凭借专业和努力完成大生意。当开始融资时，我们虽是一家小公司，但按照大公司的方式进行专业运营和管理，我们的成功也许源于此。

风险投资人：

尽管摩根斯坦先生缺乏首席执行官的经验，但是风险投资人仍支持他的原因在于他在自己身边组建了富有经验的董事会，而且本人之前也有过领导管理经验。此外，他还证明了自己拥有深思熟虑后做出正确决策的能力。这个团队被实践证明是幸存者，并且具备赢家的潜质。

问题：你认为哪个阶段的融资更困难，种子阶段还是稍晚的阶段？

摩根斯坦：

我不知道自己的回答是否对别人有参考意义。对于我们来说，种子阶段的融资更容易，但这可能是一个特例而不符合通行规律。在种子阶段，公司需要的资本金很少，而我们很幸运地从一群想在战略方向上参与进来的人手中获得了资金。早期投资人希望在该领域创办一家公司，他们被这个愿望驱动做出投资决策，当然他们也希望从中赚钱，但这与风险投资人的动机还是不尽相同的。

风险投资人：

一些最优秀的种子阶段投资人的初衷是既想参与一家公司的创建过程，又希望从中获得丰厚的资本回报。总体来说，你在一个项目中投资阶段越早，承担的风险越高，当然初始投资人获得的资本和精神层面的回报也就越高，只是最早期的投资人承担了更多不确定性。

问题： 不同的风险投资人有何异同？

摩根斯坦：

在我脑海中有一个对风险投资人群体的固定模式，当然因为它实在很宽泛，所以有诸多不准确的地方。我总结了四类风险投资人：

第一类是刚入行还在摸索学习的行业新兵，这类人可能会制造麻烦，恕我不愿多谈。

第二类是经验丰富、在投资机构中担任最高级别职务的投资人。这个群体很有意思，因为从某种程度上来说，他们也是创业者。这些人对公司估值很坚持（换个角度说，他们想要更多股份），在我的认知里（可能有偏差），他们比管理团队要更深刻地理解公司的商业模式。从好的方面来说，如果一切顺利，那么他们愿意积极参与公司业务，但从不好的方面来说，他们的态度过于坚决，有雄心壮志的创业者和投资人之间可能因此产生严重冲突。

第三类是在大机构的投资部门工作的投资人。根据我们的经验，这类投资人自然是最公平的，因为他们不像上面那些企业家型投资人，可以把所有收益都放在自己的口袋里。他们会更中立地看待一家公司的前景和预期收益。正因为如此，他们对持股比例并不斤斤计较——0 的一大部分还是 0——只要公司能成功，一点儿股权也有巨大价值。

我原本以为这种为大机构服务的投资人会受到内部组织的掣肘，他们做出的决策可能无法得到高级管理层的批准。尽管如此，但我发现，如果首席分析师给创业者释放了该项目会被批准的信号，那么被批准这件事情基本上就板上钉钉了，即使他们的批准过程要比独立的投资机构耗费更长的时间。

第四类是“种子投资人”。尽管有些人认为种子投资人并不是风险投资人，但是我还是要在此总结一下，种子投资人通常是使用其自有资金投资的个人投资者，当然他也可能是不属于风险投资行业的大公司中的大人物。一般来说，种子投资人不可能给公司提供大规模资金，但他们可能给初创公司提供最重要的帮助。

种子投资人就是愿意投资其他人不会碰的初创公司的早期投资人。他们既渴望创建一家全新的公司，也被可能的高额回报吸引。种子投资人会为公司奉献自己大量的时间，投入感情，用润物细无声的方式为公司提供指导。他们为公司贡献的时间和精力与其投入的资金是不成比例的，而公司和团队的成长也能给他们带来很多快乐，所以能够拥有种子投资人是公司最幸运的事情之一。

风险投资人：

尽管大机构的投资看起来比专业风险投资机构的投资人更加客

观或者令人感觉更疏离，但是其实对于任何一位投资人来说，在投入了必要的大量时间、精力、情感以及金钱后，这种疏离感就不会再持续了，会很快消失的。

问题：**风险投资人真的对公司建设感兴趣吗？他们仅仅是为了赚钱吗？**

摩根斯坦：

我刚才提到过被称为种子投资人的风险投资人群体，他们的兴趣包括人才建设、公司建设以及获取财富。但是这个问题像是在说那些只想赚钱而不关心公司和人员发展的投资人。种子投资人确实存在，但是那些只希望他们来投资的创业者该醒醒了。

不论是投资人还是员工都要清楚，并不是所有与公司有关系的人都应该有共同的利益或愿景，创业者很重要的一个工作就是处理不同的利益诉求并从中获益以为公司所用。没有意识到这一点的创业者可能还没做好在日常管理中必须妥协的心理准备。

一位投资人跟我们说："我不想跟创业者做朋友，我只想让他变得富有。"当然没有人会对使自己致富的人怀有敌意，但这位投资人的话很有道理，使风险投资机器顺利运行的燃料和润滑剂就是金钱。种子投资人很伟大，也很重要，但没有必要因为一枝雏菊无法变成玫瑰而诅咒它。

风险投资人：

摩根斯坦先生非常正确地指出，一家公司有很多支持者，首席执行官必须在满足他们不同需要的同时，将这些需求加以塑造并为公司所用。首席执行官的工作职责之一就是协调所有支持者为公司树立信心，创造价值。

问题： **你会担心公司未来被风险资本接管吗？**

摩根斯坦：

不，我不担心。原因很多，在我们寻找潜在投资人时，遇到过一些——如果他们不是想接管我们的话——想要在公司日常经营中施加重大影响的投资人。当我们接受他们的访谈时，感觉自己好像在进行面试，我们似乎像被投资人雇用来实施他们的创业计划一样，我认为这虽然不是“接管”的方式，但与这样的投资人合作，我很担心自己未来工作的自主程度。

从另一方面来说，愿做甩手掌柜，只给予必要支持的投资人，在公司业务出现问题时也会站出来鼎力相助。事实上，我认为很多投资协议中都会提前明确约定应对方案，一旦恶劣的情况出现，投资人可以立刻占据董事会的多数席位。其实我不太在意这个问题，一方面，因为我天生的乐观心态不允许我花时间去担心这件事情；另一方面，如果事情真的糟糕到一定程度，投资人认为现在的管理团队无法采取任何可行的措施，那么公司管理失败，被接管也在情理之中。

风险投资人：

大多数风险投资人宁愿不要经营你的公司，这就是他们为什么要投资创业者。很多成功的投资人之前经营过公司，但是现在不想继续经营下去，或者从来没有经营过公司也不愿意尝试。极少数想要经营公司的投资人可能还没想清楚他们到底想从事哪门生意。

问题： **你为什么选择风险资本而不是其他资金？**

摩根斯坦：

因为当时我们借不到钱，所以其实我们并没有多少选择。有一家大公司当时愿意收购我们或者将我们公司并入它旗下的部门，但我们公司里没有一个人同意这么做，即使当时我们已经没有积蓄了，种子投资人、管理层、员工、亲朋好友也都无法提供公司需要的资金了。

可能也有其他获取资金的渠道，但无论是否有这样的选择，我们都很早认定了风险资本，并把它设定为我们的目标。事实上，风险资本可以给公司提供足以撑过无盈利阶段的资金，而风险投资人也有长远眼光，允许我们可以牺牲短暂的眼前利益去追求长期发展。最重要的是，我们认为风险投资人可以给管理团队留下足够多的股权以使我们保持十足的奋斗动力。

风险投资人：

有的创业想法非常宏大，需要大量的资金支持才可能实施。风险投资人恰恰可以提供这样的资金，只要有必要，甚至可以在很早期投入资金，要知道，时间和机遇可从不等人。

问题：	**你最看中领投方什么样的特质?**

摩根斯坦：

领投方扮演了多种角色，而且要将这些角色都扮演好可能相当困难。一般情况下，因为投资人需要分担风险，创业公司也可以一次募集更多资金，所以投资方可能不止一家。一旦领投方做出投资决定，他（她）就要在接下来的时间里找到其他投资方并组建投资团体。

寻找潜在投资人只是领投方的职责之一，也仅仅体现了这个角色重要性的一个方面。领投方有自己的人脉网络，能联系到其他潜在投资人，这些投资人可能是之前一起参与投资的合作伙伴，也可能是曾为同一家创业公司服务的董事会成员。领投方寻找跟投方的难易程度也能从某种程度上反映出与他共事过的人对他评价的高低。如果他找不到任何愿意跟随投资的人，那么他之前可能向其他人兜售过不尽如人意的投资项目，或者他是一位乏善可陈的董事。

当其他投资人对公司表现出兴趣以后，至少在融资交易结束之前，领投方承担的任务依然很重要，因为投资条款上的各种细节还需要创业公司和所有投资人达成一致。如果有多家投资方参与投资，那么创业者可能会疲于应付不同类型却都很自以为是甚至固执己见的人。要达成共识并非易事，领投方本身要分量足够且在投资人群体中有相当的话语权，才能保证融资顺利推进。

当然这只是我们的经验。但似乎很多早期阶段的创业公司都是在公司岌岌可危之际获得融资的。如果领投方决定投资，那么他要确保大家能顺利达成一致并做好收尾工作，避免整个协商过程给公司带来损害。

其间，领投方可以做很多事情，如果与其他投资方的沟通遇到障碍，领投方需要发挥领导作用。如果公司需要支付重要供应商的到期货款或者偿还负债，领投方就会安排过桥贷款（记住，前提是投资人已经决定投资）。如果公司需要补充人手或者扩大管理团队，那么领投方也会动用自己的社会关系协助公司寻找合适的人才。

我认为我们公司有一个非常强大的董事会，董事们始终坚持给公司建言献策并伴随公司成长。对于公司来说，一位有丰富商业经验并且在交易完成后继续为公司服务的领投方非常重要。公平、正直和判断力最终将成为比领导力更重要的特质。

风险投资人：

找一位合适的领投方对公司至关重要。领投方不仅要有能力，而且要得到其他投资方的认可，能在工作中倾听各方意见，妥善处理各方关系，而且在公司陷入困境时可以挺身而出，鼎力相助。这样看来，选择一个“孤狼”作为领投方可能不仅会破坏投资团体，毁掉这次融资，而且可能毁掉整个公司。

问题：**你认为跟风险投资人达成了一次公平的交易吗？**

摩根斯坦：

当跷跷板的两端分别载有创业公司和风险投资人时，其本身就存在不平衡，很难想象如何使它完全平衡。创业公司与投资人在合作过程中满足了彼此的需求，使这笔交易从总体上来看是公平的，这要归功于投资人。

我们的案例中也确实存在一些不公平的方面，但我们试着从整体视角来看待这个问题，我们的创业公司最终获得了融资，可以继续经营自己的事业，对此我们心满意足。

我们认为自己以合理的价格卖出了部分股权，而且投资人找到了接受我们估值的理由——创业公司愿意接受与估值挂钩的业绩承诺。

正如我在开始时所说的，整个过程并不需要绝对公平。但如果这种不公平严重影响了管理层的利益和动力，那么投资人也会面临投资失败的风险。投资人曾对我们说，他们遵循黄金法则投资——由金子在手的人制定规则。所以还是那句话，整个投资协议并不需要绝对公平。不过，回答你的问题，是的，我认为总体来说，我们的交易是公平的。

问题：	**交易价格对于你们来说重要吗？**

摩根斯坦：

是的，很重要，但原因恐怕不是你想的那样。首先了解一下最终获得成功的公司对创始人意味着什么。交易价格（即我们出让了*X*%或*Y*%的股权份额）在*X*和*Y*相差不大时其实影响很小，即便*X*和*Y*相差很大，在与两个巨大的数字相比时也可以忽略不计。

我们曾与两个潜在的投资方保持密切沟通，*X*%和*Y*%实际已经非常接近，让我们担心的是，*X*%和*Y*%都已经接近50%，而这50%的股权比例意味着，按照我们商业计划显示的未来业绩，投资人的年复合回报率可以达到70%。

这本身无可厚非，只要能拿到合理的对价，我们就不关心其他人赚多少钱。但是接近50%的数据告诉我们，投资人把我们当成一家特别早期的公司，无视我们在市场营销、工程和产品上做出的努力和成绩。由于50%的比例其实跟我们设想的投资人预期回报率没关系，因此我们只能归因于“风险资本的本能”。我猜测一定有一些非财务方面的因素混入了创业者对风险投资机构报价的感知中。

我们用一种创新的方式解决了这个进退两难的问题。我们如果在前两年实现了商业计划约定的利润目标，就出让X%；如果未能完成，就出让Y%，Y的大小取决于实际利润对目标利润的偏离度，并且Y不高于某特定值。

此后有投资人说，这种根据期后业绩表现进行阶梯定价的方式非常糟糕，我们感到很惊讶，并且从未接受这种说法。这种妥协的方式的确不够完美，因为它可能促使创业者追逐短期利益从而影响长期业绩的实现。毫无疑问，风险是现实存在的，但只要创业者和风险投资人都能把眼光放长远，我们认为，这种风险在创业者为实现计划目标而加倍努力付出面前就显得不那么重要了。

风险投资人：

之所以以预期业绩为基础的定价方式有争议，是因为它可能导致管理层为了维护估值过度关注短期利益而影响长期业绩的实现。当然，当创业团队和风险投资人都足够成熟并且关注公司长期业绩超过眼前个人回报时，这种估值方法是可行的。

问题：**在融资时，最艰难的是哪个阶段的工作？**

摩根斯坦：

由于我们与两家不同的机构在相当长时间内都保持着联系，所以最艰难的时期当属尚未收到任何一方的明确答复时，最艰难的工作则是继续保持与他们的联系。正如我先前说过的那样，风险投资人是最忙碌的群体之一，他们每天收到大量的项目建议书，我们曾以为拒绝一项投资是轻而易举的事情，所以任何一家如果决定退出，都意味着我们少了一个潜在投资人。我之前的观点是：拿到钱是最重要的，至于是谁的钱并没有那么重要。

因此，我们花了大量时间配合两家机构完成调研工作和尽职调查工作，并尽自己最大的努力保证两家机构都不会退出，尽管它们有竞争的倾向。

当然还有其他一些问题，比如在花费大量时间配合投资人的同时，我们还要正常经营好公司。我们当时也想招募一些重要岗位上的人才，但不确定自己是否能够承担得起。

出乎意料的是，我们的客户并没有因为投资人给他们打电话（尽职调查的方式之一）而过度担心。客户们的确很反感不同的投资人反复致电，但这主要出于被打扰而反感，并没有让他们对公司的财务状况产生丝毫怀疑。

尽管筹集风险资本举步维艰，但其实这并没有与正常经营一家公司的难度相差太大。公司经营需要商业计划——投资人也需要翻阅创业者的商业计划；公司需要管理团队——投资人也需要认识和了解他们；公司的发展离不开对公司满意的消费者——投资人需要亲自确认一下。

由于投资人会参考创业公司的客户们的意见，所以务必真诚待客。同样，无论融资与否，经营好公司都离不开这一点。

风险投资人：

风险投资是一门耗时的生意，近年来更是如此。因为有更多的资金涌入，优秀的创业公司也比以往更多，活跃的风险投资人正在网罗最好的机会，也会帮助一两家陷入困境的公司重生，还可能要为自己的新基金（如果是私募合伙企业的话）募集资金，招募并培养新员工。除此之外，风险投资人还要参加行业里数不清的会议和协会活动，他们的日程表真是被排得满满当当的。

如果想要成功获得资金，创业者就既要尊重这个事实，又要尽力为自己争取投资人的时间。直到投资条款商定、投资协议签署的那一刻为止，创业者都无法确定自己是否能够得到融资，所以在这段时间内不要放弃与其他潜在投资人的接触。但是领投方一旦确定投资，创业者就没必要再联络其他投资人了。

问题：风险资本行业应如何改进自身以便更好地推进融资交易进程？

摩根斯坦：

听到这个问题，我很激动，这要回到我之前提到的关于在融资过程中遭遇阻碍的问题上。你提的这个问题刚好说明风险投资人意识到自己做得并不够完美。

首先，我要指出风险投资人做事的方式是极其专业的。他们如果没有继续跟进的意向，会在第一时间告知你，以便你去寻找其他资源。同样，尽管他们非常忙，但是很专注于目标公司，当与你一起工作时，他们会很快理解你的商业模式。此外，由于他们经手了很多处于同一阶段的创业公司，所以很容易指出公司现金流、存货和销售计划中存在的缺陷。这是经验使然，可见这种经验方面的因素是相当重要的。希望风险投资机构在依靠那些正在学习风险投资这门生意的“学徒”时，要更加谨慎一些。

风险投资行业在向目标公司普及融资过程这件事上做得很好。

有些机构会举办以筹集风险资本为主题的论坛活动，大多数风险投资人都很愿意参加这类活动。本书就是风险投资人向创业者传授相关知识的生动例证。当然，一旦投资交易成功完成，风险投资人就会在助推公司发展中起到重要作用，他们通常会成为被投资公司的董事会成员或观察员。在这个阶段，他们利用自己的经验和商业技能帮助年轻的公司做出应对挑战的战略决策。此外，他们还会为创业公司拓展社会关系，有时这也被称作"知道该找谁"，而不仅仅知道该怎么做。

风险投资人：

一个专业的风险投资人和支持他的创业者一样，也是通过在现实生活中四处碰壁而积累经验的。不过，仅通过错误来学习终究不是长久之计，这个行业也确实该想办法建立一套教育体系来培养后继人才了。

问题：**各类风险投资人都在用什么标准为你们的交易估值？**

摩根斯坦：

我们接触过的所有投资人都认为管理团队的能力至关重要。虽然这可能是老生常谈，但是这是事实，投资人宁愿投资那些产品还说得过去但管理团队十分优秀的公司。也有一些人认为，如果产品很出色但管理团队水平一般，他们在投资后会花力气增强管理团队的实力。不管是哪种情况，衡量管理团队的优秀程度，都要看他们曾经在和当下相似的环境之中，取得过怎样的成绩。

投资人当然也对拥有与众不同的新产品的创业公司感兴趣。如果一家创业公司的产品和服务对消费者群体有巨大吸引力，那么投资人会格外动心。

我们相信预期投资收益率高低也是投资人用于衡量一家公司是否值得投资的标准。之前提到，我并不认为投资人在判断是否对我们投资时采用了这项标准，这个标准对于早期项目来说是失真的，因为早期阶段的创业公司的商业计划天然隐藏着很大的不确定性。

我认为风险投资人也比较看重所有投资人都会感兴趣的业务领域，比如计算机、医疗设备、软件等。有些投资人提到，他们只会投资新兴市场领域，而我确信这条标准被用于衡量我们的公司。

我认为还有一个标准是风险投资人在做决策时会考虑的，那就是地域标准。因为投资人希望出差的旅途越短越好，所以目标公司如果在地域上临近投资人，在同等条件下的胜算就更大。

问题：风险资本的资金成本高吗？

摩根斯坦：

乍一看，风险资本的资金十分昂贵。投资人预期的复合收益率是40%~50%。如果一家公司从银行以15%的利率借入1美元，在第五年期末，公司就需要偿还本息合计2.01美元，但如果利率是40%，公司就需要偿还5.38美元。

所以看起来，风险资本的资金成本很高。但其实从另一个角度看待这个问题，大多数需要风险资本支持的公司都不是银行的合格客户，至少不能从银行手中借到与风险资本提供的等额资金量。

这听起来像是在为风险资本的高额回报辩解，但我可不是在牵强附会，在很多情况下，一家公司甚至连风险资本愿意提供的资金量的10%都无法从银行手中借到。总之，你可以认为风险资本价格昂贵，但你可以从中获得更多。

风险投资人：

经验老到的风险投资人是按照10%的成功率来计算投资你的公司所需要承担的风险的，如果你能将这种风险降低一部分，那么他会给你一笔价格更低廉的资金。

问题：你用了什么样的方法促成融资交易？

摩根斯坦：

我认为优秀的风险投资人是被建设一个伟大的公司和获得巨额经济回报两种欲望驱使的。在我们公司内部，所有的核心管理人员都因我们的未来潜力和已实现的成就而热血沸腾、充满激情。我们确保身上的激情可以感染每一位与我们交流的潜在投资人。

但总体来说，把公司兜售给投资人的方法其实与经营公司的方法大同小异，一脉相承。我们曾花大力气在行业刊物上刊登关于新产品的报道，内容积极向上，令人印象深刻。我们把复印稿送给潜在投资人，也送给我们的消费者用于加深他们对公司产品的认知和理解。我们很早就把自己定位为一个高度重视消费者服务的公司，投资人和消费者对此都非常满意，投资人在访谈曾体验过客户服务的消费者后，对我们的印象颇深。在融资之前，我们已经经营两年了，这足以向潜在投资人证明我们有能力经营好公司并按计划实现目标。

除上述共同点外，我们也为吸引投资人做了专门准备，其中一个策略就是将我们的商业计划书直接送到有话语权的高层人士手中，而不是静静地等待投资人在百忙中予以回复。我以个人身份参与了一个协助创业公司成长的非营利组织的工作，通过这个组织结识了一些风险投资人，我相信当公司需要时，我可以直接向他们呈交商业计划书。

风险投资人：

一旦资金到位，公司的建设工作也随之开始。一个能成功向风险投资人推销自己公司的人，理应有足够的能力向消费者兜售公司的产品。但无论是投资人还是创业者都不应该忘记，真实的产品市场是比风险资本交易市场更加残酷的地方，有些创业者更擅长出售自己的想法而不是实现产品销售。

问题：有些投资人拒绝了你，你从这些拒绝中学习到了什么？

摩根斯坦：

有些投资人拒绝的原因在预料之中，这与公司本身的问题和风险相关，如果是因为这些已知的原因被拒绝，我们会很失望，也并未从中学到东西。不过这类原因的拒绝提醒我们要更多地关注这些问题并多花精力解释，因为投资人可能仅仅出于对市场不能扩展的疑虑而将我们拒之门外。

有些拒绝对于我们来说毫无意义。最有意思的是一个“担心有竞争”的拒绝理由。我们有一个独特的产品，如果产品表现很好，自然会出现竞争。另一个极端就是，一位投资人实际上已经充分认可了产品的独特性，但他担心产品无法打开市场。

我觉得那些以“担心竞争”为理由拒绝我们的投资人可能仅仅

是为不投资找个借口搪塞。也许我的观点听起来有些傲慢，但我们真的没有从这些拒绝中学到什么。一位投资人拒绝一个投资机会，因为这个项目中存在一些他认为解决不了的问题，否则他会投资，然后参与解决问题。“如果……，我们就会考虑投资”，这样的回复可能让我们感觉好很多。

实际上，确实有一位投资人给了我们类似的回复，他说如果价格可以调整，他就会认真考虑。但当我们收到他的拒绝信时，我们已经下调了初始估值并已与最终的投资人进行了长时间接触，那时已不太可能与新投资人展开价格谈判了。

问题：**你们接下来会再做融资吗？**

摩根斯坦：

短时间内不会。

第四部分

风险投资的未来

第十四章　可预见的未来

尽管撰写本书的目的是让投资人和创业者知晓取得成功所必须知道的事情，但是风险投资其实是关于未来的。所以你若要在风险投资领域获得成功，必须现在思考未来的样子。当然，我们也希望本书在未来漫长的岁月里仍能为你指点迷津。

我们对风险投资行业的未来十分看好。我们要对所有认为未来不会再有创新或几乎没东西可被“发明”的朋友们说，最伟大的创新时代以及由此带来的巨大的风险投资机会仍在路上，并一定会到来。我们认为本书的读者都不是持怀疑论断的人。（如果你曾是，那么我们觉得你不会翻开本书；如果你的确是，那么我们要向你致谢，谢谢你将未来的机会留给我们这群仍有梦想和高瞻远瞩的人。）

更伟大的创新和风险投资机会将会出现

从自然史和人类学的视角来看，人类作为一个物种才刚刚经历他的青少年时期。据我们所知，在有着数十亿年历史的地球上，现代人类的历史仅有 20 万年，人类文明也不过 6 000 年。就像青少年一样，我们仍在开发工具、概念，试图理解和判断到底什么样的东西可以协助我们理解和应用自身的全部潜能。当然，你不是为了研究自然史和人类学才阅读本书的，所以让我们讲点儿现实的东西。

源源不断出现的工具和科技将比我们迄今所见的更加强大和实用。想一想计算机和信息技术的发展历史，当本书两位作者还在读大学时，一台计算机要占据一间大屋子，运行时产生的热量需要大功率空调来降温，但其计算能力却远比不上今天我们随身携带的智能手机。在我们就读商学院时，一位年轻白领一天的工资还不够购买一个仅有加减乘除功能的计算器。

摩尔定律改变了这一切，激发了现代电子行业大变革。1965 年，英特尔创始人之一戈登 · 摩尔观察到，自他们的发明问世后，半导体芯片上集成的晶体管和电阻数量每年将增加一倍。基于上述观察结果，他推断其计算能力也将每 1~2 年翻一番，此番预测相当有先见之明，他成功地预测了计算机运算能力的巨大跃升。

与之相似，在过去的 10 年、20 年、30 年里，我们在医药和生物科技领域也取得了长足进步。人类基因组的秘密被破解，意味着我们有能力为特定的基因疾病量身定制解药。本书一位作者的表姐身患慢性白血病，她如果没有服用那种能解决她特定遗传基因问题的药物，可能在二三十年前就去世了，但现在她依然健康地生活着。

我们还可以列举很多类似的案例，但结论已经显而易见——我们已经在享受 50 年前无法想象出的技术进步带来的巨大利益。可以预见的是，现有的已知和被应用的科技会在未来被集成，然后组合为更复杂形式的技术，最终在即将到来的岁月中创造更多技术进步的机会。

重要的是，现有的技术成果都是促成未来科技进步的基石，而新技术的进步和积累又会不断地夯实这一基础，使得各个领域的技术以指数级速度增长。此外，得益于以软件和互联网技术为代表的信息技术领域成果的广泛应用和发展，各行业的知识比以往任何时候都更有效、更快速地传播，初创企业的创业成本得以降低，发展周期得以缩短，大多数科技领域的创业者都将进一步受益于信息技术的发展。

除此之外，人类不断增长的消费需求和心理欲望、当下欠发达地区持续的经济增长和崛起、自然能源短缺的限制、气候变化以及其他环境问题等诸多因素，都将促使更多创新行为出现。此外，人口、社会、心理因素将共同激励更多的创业创新活动，促进技术的更新和应用，为实现创造更多财富、满足人类需求和获得成功提供了诸多机会。

我们先前提到过，美国共有约 1 000 万个富裕家庭被美国证券交易委员会认定为合格投资人，他们无须像其他民众那样在风险资本投资金额占总资产金额的比例上受到严格限制。风险投资行业自身的创新发展——放低最低投资额要求的线上风险投资机构的大批兴起——会降低投资门槛，吸引更多个人投资者参与风险投资。

讽刺的是，尽管像我们这种传统的风险投资机构，只允许合格投资人参与，也提供线上入口，但还是为个人投资者设置了最低投资额（我们 VCapital的个人最低投资额为 25 000 美元）以欢迎他们加入风险投资行业的大军。对于我们而言，一家创业公司能吸引众多小型机构中的个人投资者这件事情本身就是重要的市场信息，证明了这家公司早期概念的吸引力。从某种程度上说，这就像做了一次虚拟市场调研。如果这样一家公司有进一步的发展并需要资金来扩大规模，我们去投资的可能性就会更大。我们不会在初始阶段投资，但当我们真正投入时（在企业整个生命周期中仍属于比较早的阶段），投资人面临的风险也小很多——这是一个合理的交易。

在社会上，追求创新驱动型财富增长机会的创业正在取代咨询行业或投资银行，成为顶级精英人群的就业选择。正如创业者兼教授史蒂夫 · 布兰克在风险投资行业刊物 *CB Insights* 中，提到斯坦福大学时所说的那样：

“斯坦福大学是一个配备宿舍的孵化器”（尽管本书两位作者均毕业于哈佛商学院，但是我们得承认斯坦福大学是美国顶级学府之一）。他找出了145个贡献了创业者的班级，但是他们并非都来自商学院，而是涵盖了8个院系，其中医学院竟贡献了7个班级。

科技进步和投资机会

以上这些意味着什么？我们可以期待或者在哪些领域中布局？下面列举了一些我们看好的领域，之所以用英文首字母顺序排列，是因为我们也无法判断究竟谁的潜力更大。

（1）新材料（Advanced materials）
（2）人工智能（Artificial intelligence）
（3）大数据和预测分析（Big data and predictive analytics）
（4）生物计算机（Biological computers）
（5）生物医学（Biomedical）
（6）征服衰老（The conquest of aging）
（7）基因组（The genome）
（8）免疫学（Immunology）
（9）物联网及万物互联（The Internet of Things and of Everything）
（10）纳米技术（Nanotechnology）
（11）机器人（Robotics）
（12）虚拟现实（Virtual reality）

我们希望这些领域在未来30年里能创造人们未曾想象也无法想象的

奇迹，其中很多突破都将在我们有生之年得以实现。展望一下当前科学和技术的发展趋势，仅仅是沿着现有路径前进，无须改变现在世界的运转方式，我们就可以看到一个完全不同的世界。尽管如此，我们依然期待有更多的变化。

风险投资人站在未来 5~10 年，去探求前沿科技领域的投资机会。有些投资机会现在还难以琢磨，但投资人必须有远见。尽管 30 年后的技术现在还难以想象，但是将在 10 年内崭露头角的技术现在已经要着手布局了。我们不会在上述所有领域中挖掘，而只会关注我们认为在未来 10 年内最有可能出现投资机会的领域。

人工智能：计算机成为生活中越来越不可或缺的部分

如今我们每天拿在手上的迷你电脑——智能手机，它算得上是最重要的技术进步成果之一。在过去 60 年里，计算机的处理能力增长了至少 1 万亿倍。我们的计算机以越来越快的速度存储和处理更复杂、更大量的数据，而价格却越来越低廉。专家介绍，你我随身携带的智能手机的计算速度，要远快于当年指挥首次载人登月的计算机的计算速度。

如今，计算机听从我们的指挥，与我们交谈，辅助我们将生活变得更舒适，协助我们做出更明智的决定。它们成为人类的私人助理甚至我们的一部分，不久的将来，在配置量身定做的意识状态后，他们会变得与我们越来越像。很快他们会通过语言测试，在事先不告知测试背景的情况下，人们可能无法分辨计算机和真人说话的差别。

尽管人们经常把人类大脑和计算机放在一起比较，但其实人类大脑的工作方式在很多方面都有别于计算机，不过一个像人类大脑一样工作的计算机可能很快问世。计算机似乎将用我们的方式思考和做事，而且很快会超越我们。一旦我们在智慧思考层面被计算机甩在身后，那么我们真的是身处勇敢的新纪元了——既与过去脱离而未来又充满不确定。

克里斯托弗·埃文斯在其撰写的富有启发意义的《微千年》一书中，将智能定义为“一个系统具备根据外部世界变化相应调整自己行为的能力，调整的内容越多，能力越强，就越智能”。他接着阐述了影响一个系统自身调整能力强弱（智能水平高低）的 6 个因素。这些因素是：

（1）感知，即获取数据的能力；

（2）数据存储，即可以在多短的时间内存储多大容量的信息，可以保存多长时间；

（3）处理速度，即需要耗费多长时间可以将数据处理并投入使用；

（4）软件修改速度，换言之，当环境改变时，一个实体需要多长时间或者能否轻易地改变或编制新程序（以及自我修正的能力）；

（5）软件效率，即程序运行几乎不占用实体的计算能力，且软件几乎无漏洞；

（6）软件允许实体执行任务的范围。

利用智能的这一定义，埃文斯提出了一个用于衡量实体智能程度的数值标准。这个标准非常直观地向人们展示了人类智能和计算机智能现存的差距，以及差距缩小的速度。

埃文斯撰写那本书的时间是 1979 年，如果人类智能指数是 100 万，那么计算机差不多就是 1 000 的水平——计算机仅在处理速度这一项指标上超过人类，所以在他的评测标准中，人类智能在 1979 年是计算机智能的 1 000 倍。

1979 年两者的巨大差距真的不应该让人们感到欣慰，正如埃文斯所说的，人类花了 20 万年的时间才达到这种程度的智能水平，而计算机的出现不过 20 多年。自 1979 年后，在不到 40 年的时间里，计算机智能水平突飞猛进（仅处理速度增幅就达到 1 万亿倍），大幅缩减了其与人类智能之间的差距，并且这种缩小的趋势正在加速。

正在兴起的人工智能领域，具体说来就是将一枚计算机芯片放在一个设备或材料中，使其具备强大的功能或“智能”，这正是当前受风险资本追捧的热门领域。如今芯片及相关的微型电子设备成本低廉，几乎所有东西都可以变得智能，大到一辆汽车（现在就是一台有轮子的电脑），小到一个烤箱。将更多智能应用于现有产品的行为将引发一场创业和投资机会的寒武纪大爆发。

埃文斯还写道，人类进化过程中需要开发、破译并运行自己的大软件，包括繁衍、吃、听、看以及维持身体机能的各种生存能力。计算机则没有这方面的需求，从而可以集中精力在开发智能的软件上，这将极大地缩短计算机智能进化所需的时间。

随着计算机硬件和软件的发展以及量子计算机（可以同时多进程、高速度地处理数据）即将到来，机器本身将开始通过人工智能改进自己的软件和硬件，并可以通过 3D 打印制造技术设计和制造“子孙后代”，计算机发展不断加速，到 2075 年时，超级智能机器将真的与人类共存。

计算机会拥有智慧吗？

现在尚无定论的问题是，超级智能计算机是否会拥有智慧。根据埃文斯给出的定义，智慧是：（1）应用智能；（2）能找出并理解信息（事实）；（3）形成知识（精通、理解、对事实或情况的感知）；（4）利用知识并结合常识做出行动或决策，以促进人类或世界的积极发展。

超级智能计算机看起来能够也应该拥有智慧，因为它可以通过智能来积累庞大的知识量。但人类的未知疑惑是，它是否会接受人类的价值观并做出积极贡献，还是说他们会根据自己的兴趣发展出与人类相悖的价值体系，奴役甚至摧毁人类。在人类历史上，优越的知识可并不都是被用于为人类谋福利上的，有时甚至会激发破坏的冲动。但无论如何，事实看上去确实如此，至少在人类进化史上，一个物种掌握的知识越多，这个物种就变得越有智慧。所以超级计算机有希望变得超级智慧，这至少是有先例可循的。

尽管有如此多深奥的问题尚待探讨，但可以肯定的是，在接下来的十年里，计算机及其相关软件和硬件配套行业依旧会给风险投资人创造源源不断的财富。

大数据和预测分析：事情为何如此？

随着计算机和其他设备变得更加智能，它们积累了越来越多来自商业用途的信息，从而加速了大数据的进一步积累。大数据就是：（1）在大数据存储技术出现以前我们无法收集和访问的海量信息；（2）更快的数据处理速度。

最近，我们风险投资团队刚退出一笔十年前做出的投资，获得了类独角兽的收益。这家创业公司是我们曾反复提及的芝加哥本土公司Cleversafe，它大幅削减了大数据存储成本，提高了访问速度和安全性。低成本的存储方式和快速访问意味着海量数据可以被分析，即大数据分析，以用于挖掘商业世界中的宝石。

另一家我们投资还未退出的芝加哥创业公司simMachines，已经开发出一套软件算法，它可以通过分析大数据测出特定结果出现的原因和路径。

如果你知道了特定结果会出现的原因，就可以提前对过程（比如你的顾客）施加正面影响以干扰结果的产生，从而得到更多你理想中的结果。

作为计算机的生物

正如我们可以把放在桌子上的机器称作计算机，我们同样可以把生物看作一台计算机，DNA（脱氧核糖核酸）就是人类的编程软件。人类基因组，完整地保存于23对染色体当中，既是个体生物学也是我们物种的未来。

随着人类不断深入地了解组成基因组的遗传密码排序和功能，人类未来的研究方向会聚焦于指引、控制以及增强人类生物计算机系统的能力。这会使医药领域不断涌现新突破，包括癌症的治愈、对衰老的征服，甚至可能重写和改写死亡的定义。

如今科学所能触及的最远距离，就是我们可以将掌控人类天性和生活的规则、代码及模式植入无生命物质中（比如硅或者其他可以制作成计算机芯片的高级材料）。人们正在借助各种令人眼花缭乱的方法试图制造能够利用自然界存在的分子存储和传输信息的生物计算机。如果这些生物计算机是基于碳而非硅制造的，那它们将由对人类生命至关重要的决定性元素组成。鉴于它们自身结构的演化和结构的复杂性以及编程的复杂程度，这些生物计算机具备像人脑一样工作的能力。尽管可能要30年或更长的时间才能看到生物计算机的问世，但似乎很快，甚至是在接下来的十年之内，随着生物计算机发展势头加速，该领域就会出现风险投资的机会。

纳米科技：掌控极小的世界

人们对纳米技术的理解和应用正在快速推进。纳米科技最早在20世纪

90 年代初被一批早期风险资本所扶持的初创企业进行了商业化开发。其中一家公司是坐落于芝加哥郊区的纳米相科技公司。我们早前一直专注投资芝加哥地区创业公司的基金 Batterson Johnson Wang，很幸运地投资了它。

纳米相科技公司成立于 1989 年，它的技术来源于阿贡国家实验室的成果，随后它被阿贡国家实验室和芝加哥发展公司推荐给了本地风险投资团体。

作为一家风险投资机构，我们是纳米技术领域的早期投资人。但正如我们所说的，进入早比晚更好（盈利更多）。纳米相科技公司于 1997 年上市，但大多数风险投资人在其上市后并未立刻变现而是一直持有。在公司 IPO 数年以后，大多数投资人成功地离场并获得巨大收益。我们掌管的那只基金当年投入的 128 万美元，在退出时价值达到 1 800 万美元，其年化收益率高达 49.7%。

在纳米相科技公司上市 20 年后，从纳米相科技公司为了在各种产品中规模化应用纳米材料（比病毒还要微小）而成立直到今天，纳米科技公司才刚刚开始准备在材料、医药、机器人以及其他能触及的任何领域进行变革。这真是一场持久战。

伴随着对这种超级微小材料的认知和使用，我们正在制造具有新特性和新应用场景的新材料，创造很多新的投资机会。在 21 世纪这种趋势将持续下去。正如过去人类发现和应用了煤炭、石油、水泥一样，纳米科技公司将带来基础层面的改变，并创造全新的财富。

这一超级微小的领域才刚刚启航，投资人，早点儿进入吧！

机器人：进入生活的机器

相信我们在不远的将来就可以看到，机器人技术的进一步发展以及机器人与机器学习、人工智能、先进的视觉系统、预测分析（与大数据结合）以及虚拟现实的结合将为风险资本创造新收益。机器人是机械工程学、电子工程系及计算机科学的分支，机器人技术是与机器人设计、制造、应用、控制和指示机器人运行的计算机系统相关的学科。

当今大多数艰苦劳动将由功能强大的机器来承担，这样的美好新世界即将到来，机器人将人们从枯燥乏味的事情中解放出来，并带来一个物质充裕的世界。这些都会减少导致贫困甚至战争的主要因素。由纳米材料制成的微型机器人可能很快会被注射到人体，用于治疗疾病或者用于其他医疗目的。未来，机器人最终可能会在极少的人工干预下建设和运营全世界的制造工厂。

到 2020 年，以及到 2030 年，之所以数不清的投资机会和巨大回报将出现在机器人产业中，是因为这是第一次真正意义上的先进机器人所需配备的必要元素都集齐了。例如，先进机器人需要先进的视觉系统，因为它们如果无法操纵工具则不可能完成工作，而操纵工具又离不开“看”的能力。机器视觉领域的初创公司正在为机器人量身打造人工视觉系统，这些系统应用了先进的材料和方法以及人类如何产生视觉的相关知识。尽管它们现在还比较粗糙，但是随着科学家和创业者对视觉原理的理解越深入，它们就越有可能在短时间内推出能给无生命的硬件机器人带来意识的操作系统，这样这些拥有意识的机器人就能准确地感知和应对周边物理环境的变化。

众所周知，人类视觉的形成需要庞大的计算量、记忆输出以及在感知图像不清晰时做出准确猜测。精确的机器视觉系统将拥有以上全部能力，并且包括从过往经验中学习等在内的更多能力。而一些新技术的出现将会协助机器人和机器看到事物，并从周围环境中学习。

虚拟现实：模仿现实的非现实

与大数据、预测分析和机器视觉相近的技术是虚拟现实技术。风险投资人最近参与创办和资助了很多虚拟现实技术领域的创业公司，以致投资者开始质疑投资人是不是依然生活在现实世界里。根据维基百科的定义，VR（虚拟现实）通常指一种利用软件产生包含显示图像、声音以及其他感觉在内的仿真环境（或者虚构的场景），并模拟使用者在该场景下的真实生理反应的计算机技术。

你所处的场景就是三维动态的！

虚拟现实的早期应用场景是视频游戏、医疗以及军事用途。此外，它还被用于汽车、航天航空以及地面运输行业的相关产品和制造工程中。

电影、音乐会、赛事观赏以及很多形式的市场营销活动等媒体呈现领域正在被VR改造。机器人工程很快将用VR技术为机器人打造一套模拟现实的虚拟环境，机器人将把自己在虚拟环境中学到的技能应用于现实世界，以加速机器人的发展战略和部署。

风险投资人遇到的最大挑战是，众多以计算机为基础平台的转换技术不断涌现。身处这样的时代浪潮中，投资人必须忘记过去，预见未来，因为历史只是序言，现在也会很快变为记忆。

互联网和即将到来的“第三次浪潮”

互联网技术的发展，是诸多蕴藏巨大潜力的领域不断加速技术进步的驱动力。史蒂夫·凯斯在其令人醍醐灌顶的新书《互联网第三次浪潮》中，向我们讲述了互联网的历史和“三次不同浪潮”下的演变。

（1）第一次浪潮中，以AOL、计算机服务和天才网为代表的企业搭建了互联网框架，为消费者与互联网的连接奠定了基础。

（2）第二次浪潮中涌现了亚马逊、脸书、谷歌、推特等商业和社交媒体公司，将消费者和他们的生活转移到在线世界。

（3）我们现在正被卷入第三次浪潮之中，凯斯认为，第三次浪潮不仅是物联网而且还是万物互联。物联网利用互联网植入各种设备、材料、流程、通信和信息交换，从而增强所有事物的智能和可利用性。万物互联则是互联网渗透至所有公司、政府和社会中，包罗万象，最终形成一个合作共赢的世界。

互联网第三次浪潮需要的是平等、合作、协同，对于那些理解上述原则并拥有技术和颠覆式想法的创业者来说，遍地都是好机会。风险投资人要睁大眼睛四处寻找互联网的踪影，因为它不仅出现在外部，而且出现在体内——对藏在我们身体之内的互联网，医药是最重要的领域。

信息流动促进生物医学进步

21 世纪以来，医药领域的飞速发展不仅得益于个体和集体的医学发现，而且归功于这些发现的相关信息交流和传播。历史上，青霉素及其他抗生素的发现都是勤奋和运气的结果，还有一些发现来源于科学家的梦境，有的则是经历反复尝试和失败、归纳和演绎、理论和实验的漫长过程后才得以问世。当这些发现和信息可以通过书籍、期刊、同行评议期刊以及近年流行起来的互联网渠道进行交流和传播后，医药领域的成果开始呈现出爆发式增长。

互联网对所有人开放，它可以将最新的研究发现和信息以光速实时传播出去。更重要的是，互联网是免费的，获取最新信息几乎不需要付出任何成本。

治疗癌症的新范式

癌症研究和治疗的进展以及对这项研究的资金支持（通常不是通过风险资本），就是互联网促进医药发展的好案例。悉达多·穆克吉曾在他的著作《众病之王：癌症传》中写道，数千年来，有无数的假设方式被用于了解和指导癌症治疗，这些方法给研究人员和医疗人员提供了引导方向，启发他们从不同角度观察和尝试。这些方式即便错误也都是有意义的，可以让人们立刻尝试其他新方法。

历史上，受信息传播速度的限制，试错进程更迭缓慢。尽管每一次错误的疗法都立刻被证明是无效的，但是并没有有效途径将与失败相关的知识迅速传播给其他需要的人。

到 17、18 世纪，出现了专门介绍这些疗法进展情况的专业书籍，但直到 1823 年，都没有一本专注报道癌症、能被广泛阅读和易于理解的定期期刊存在，所以癌症治疗范式直到迈入 20 世纪时都进展缓慢。第一本医学周刊——《柳叶刀》（*The Lancet*）于 1823 年在英国问世，不过当时杂志里刊登的主要是个人著作，经同行评议编辑后才可以刊发的期刊形式直到“二战”后才开始兴起。

当同行评议机制被引入后，现代医学跨出了巨大一步。那些被验证有效的信息也可以被医学群体和投资人知晓。在癌症治疗研究领域，有效数据的获取促进了层出不穷的新疗法的提出。尽管有如此广泛可得的有效信息，但是这些数据的数量还不够让我们使用大数据分析法，故有效的癌症疗法还尚未提出和实施。

之后，在医学大数据领域，一个重大发现横空出世——1953 年，沃森和克里克提出了 DNA 双螺旋模型，要知道自此至今，世上尚无能与之比肩的发现。人们逐渐意识到，每个人的癌症都是独特的，因此需要提出一个能根除每位患者独特病因的方法。尽管人们在尝试通过少数癌症案例去推演每个人的癌症信号通路和基因，但如果可能的通路和基因都需要被根除、改变或替代，其数量实在是太庞大了，即便是现有运算速度最快的超级计算机，都无法胜任这项工作。

最近，有人提出了一种消除癌症的新范式疗法，其原理是调动每个人体内特定的免疫系统以识别和摧毁特定的癌细胞。根据这一范式研发出的药物要么是增强免疫系统的功能以杀死癌细胞，要么是给癌细胞踩刹车抑制其分裂，使免疫系统更容易击败它们，或者是两者的结合。以默克制药的Keytruda为代表的PD–1抑制类药品，已经成为在治疗黑色素瘤领域内价值几十亿美元量级的重要产品。

风险资本选中癌症治疗赛道

自体免疫药物的研发，激发了风险投资人对各种激活免疫系统的抗癌疗法及其他治疗癌症的新方法的投资。互联网的出现和发展为人们了解癌症及其治疗方法提供了一个快速获取信息的渠道，打开了投资抗癌药物和其他疗法的资本闸门。

作者新设立的在线风险投资机构VCapital近期投资了一个类似的项目。该项目的设计方案为将某改良后的化合物和美国食品药品监督管理局已获批的化疗药物联用。这一联用方案将药品直接注射到肿瘤组织，使得更多化学成分穿透并进入组织内部，激发人体产生强烈的免疫反应并杀死癌细胞。关于人类结肠癌的小白鼠实验表明，相当高比例的结、直肠癌得到了治愈。此外，由于联用方案直接注射到肿瘤部位，穿透组织所需要的化疗药品在用量上少于以往，在消灭转移组织、重建免疫系统的过程中，小白鼠需要承受的副作用有所降低。

这家名为强势疗法的公司于 2017 年年初获得美国食品药品监督管理局的批准，开始人体试验。毋庸置疑，一旦在人体试验中被验证有效，它将成为癌症治愈疗法的先驱。更令人鼓舞的是，在小白鼠身上的研究表明，这一疗法可能对许多癌症都起作用，这将成为真正意义上的癌症治愈疗法。这样的成功将为风险投资人带来以数十亿美元计的回报。

对于激进、见多识广的投资人来说，众多全新的抗癌疗法代表了一个创造远超想象的投资机会。医药科学和医学信息是一个非常好的投资领域。

对衰老的征服

医药科学在大数据、预测分析技术以及快速传播信息的互联网的推动下，可能很快向我们揭示衰老的原理，当然也伴随着巨大利益的诞生。这样，人类可能不会如此快速地衰老甚至死亡，具有深刻洞察力和智慧的人们将生存得更久，为人类做出更多贡献。

为实现这一重大课题，所需的工作已经在实验室和初创企业中如火如荼地开展，基础研究方面的突破可能很快就会出现。

人类仍处于进化的早期阶段，在有能力快速奔跑前，我们仍需缓步慢行，不断探索世界。我们会义无反顾地努力解开所有奥秘，尽管这需要相当长的时间，但是当下，我们可以打开风险投资支票簿，将它作为献给未来的礼物。

致谢

我们需要感谢很多人，那些因我们的疏忽而没有出现在致谢名单上的朋友，请一定接受我们的致歉以及最诚挚的谢意。

首先，我们要感谢的是我们的夫人莎伦·巴特森和兰迪·弗里曼，她们已经与自己奋发上进的丈夫（即本书的两位作者）携手度过了几十年的时光。正当她们以为我们就要抛下繁重的工作开始享受慢节奏的生活时，我们又决定撰写本书，把我们多年以来对风险投资的认识和积累的经验分享给感兴趣的投资者和创业者。本书的撰写耗时颇久，过程非常艰辛，所以我们要对两位夫人的坚定支持再次致谢！

其次，我们要感谢风险投资行业的先驱和同人，是他们赋予我们灵感和知识，让我们受益良多。同样要感谢给予我们团队信任的投资人和那些有幸一起前行的创业者，从他们身上，我们收获了商业经验，也为自己的投资人、同事和家庭创造了财富。

再次，要重点感谢以下几位：对AOL的巨大成功做出重要贡献的两位创始人吉姆·肯西和仍在参与公司管理的史蒂夫·凯斯，还有同样对AOL的成立和发展起到关键作用的，我们的哈佛商学院同学乔治·米德尔马斯，AOL的成功对莱恩在风险投资事业上的重要性是毋庸置疑的。此外还要感谢Dytel公司的首席执行官桑福德·摩根斯坦先生，感谢他向我们的读者分享了自己公司接受风险投资的经验；感谢Cleversafe的创始人克里斯·格拉德温给我们机会一起享用如此丰硕的成果。

然后，我们还要向认真校对本书的VCapital的同僚表达谢意，他们富有建设性的评论和意见对完成本书至关重要，其中包括莱恩多年来最亲密的商业伙伴吉姆·沃恩，在理解机构投资者这件事情上，他教会了我们很多。还包括弗雷德·塔克、瑞安·科尔、史蒂夫·罗斯、史蒂夫·佩迪安以及辛迪·利伯曼。此外还要感谢VCapital的顾问委员会委员史蒂夫·阿尼克斯特、蒂姆·达尼斯、吉姆·普里厄和劳埃德·谢夫斯基。他们是一群对商业有真知灼见，并对我们永远不吝投入的专业人士。

同样还要感谢乔治·弗里曼——肯的儿子，他是一位经验丰富的金融顾问，促使了原本保守的父亲认识到投身于风险投资的价值。他协助我们校对了本书第二部分，使我们对风险投资和传统投资的收益表现进行更加客观的比较。

我们当然没有忘记莱恩优秀的助理安妮·彼得罗夫斯基。感谢安妮，用她的专业技术协助我们将分散的章节内容整理到一起，有些内容最初通过不同的软件平台发布。通过她的努力，本书的内容最终得以和谐统一。

最后，我们要感谢经纪人杰夫·赫尔曼及其约翰威立国际出版公司的团队，他们认为我们所拥有的知识和对风险投资行业的理解对潜在的投资人和创业者都非常有价值，正是他们的认同和支持才让这本书的创作顺利启动。我们还要特别感谢两位约翰威立国际出版公司的伙伴莎蜜拉·斯里尼瓦桑和迈克尔·亨顿，他们在设计和印刷环节的鼎力支持使本书最终印刷出版。

关于作者

本书的两位作者从哈佛商学院毕业后有着截然不同的职业轨迹，莱恩·巴特森毕业后迈入了风险投资行业，而肯·弗里曼则选择在消费品和市场营销等传统行业里耕耘。

莱恩在过去30多年的时间里，一直被认为是美国最成功的风险投资掌门人之一。他从1982年开始自己的风险投资生涯，最初作为投资分析师在好事达保险的风险资本部门任职，1985年至1987年，他升任该部门主管。当时，好事达保险是美国历史最悠久、规模最大，也最成功的风险资本管理运营机构。他负责规模超过3.5亿美元的投资基金，此等规模在当时的美国风险投资领域实属凤毛麟角。

莱恩最引人注目的一系列成功案例都始于在好事达保险任职期间，他成功主导了CVC的融资和重组。AOL被时代华纳收购后，估值一度达到了3 640亿美元，这一案例迄今为止仍是美国最大的并购案。莱恩在好事达保险工作期间还向公司的风险投资团队引荐了美国知名医疗科技公司Allscripts（其主营业务为医疗电子化解决方案，目前它是一家纳斯达克上市公司），好事达保险在莱恩离职后完成了对Allscripts的投资，Allscripts随后成长为一家独角兽公司，每年贡献10亿美元以上的收入。

离开好事达保险之后，莱恩继续从事风险投资工作，他独自或与他人共同创立了一批非常成功的公司化运作的风险投资基金，取得了很高的收益，开创了风险投资基金服务于高净值个人客户的历史。莱恩在30多年的时间里为投资人取得了平均28%的年化收益率，即使受到2000年互联网泡沫破灭和2008—2009年金融危机的影响，莱恩掌管的基金收益率以10年计仍然达到了两位数，如此良好的长期业绩表现在投资界是非常罕见的。除AOL和被其引荐的Allscripts外，莱恩投资后跻身独角兽的公司还包括CyberSource.com以及Cleversafe，后者作为分散存储技术和软件的先驱于2015年年底被IBM高价收购。

最近，莱恩成立了VCapital线上投资公司，为有兴趣参与对早期阶段、优质的高科技创业公司投资的合格个人投资者提供了线上渠道。

肯·弗里曼自哈佛商学院毕业后进入宝洁公司从事品牌管理工作，随后作为市场部副总裁在美国氰胺公司舒尔顿分部（这家公司的标志性品牌包括好时派、Breck、派素等）以及利洁时集团有过任职经历。此后，肯在纳贝斯克公司担任副总裁，负责公司全球市场开发工作。在消费品行业的市场营销领域耕耘多年后，肯开始涉足咨询领域，并在全球顶级市场咨询机构索福瑞集团担任北美区总裁的职务。

肯在2006年离开索福瑞集团后，转换了职业方向，开始在纽约时装技术学院为本科生和研究生讲授市场营销和公司理财课程。2010年，他离开讲台，和儿子一起创建了Halston传媒公司，目前该公司的主要业务是在纽约都市区周边的四个城郊镇发行周刊。

肯从2014年开始涉足风险投资领域，作为个人投资者和莱恩一起创建VCapital公司，目前担任战略顾问。此外，他还担任一家糖果零食制造公司和自己家族的新闻出版公司的非执行董事。